传统文化与领导力

王启涛 著

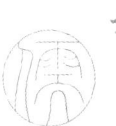 儒

 道

 法

 兵

中央党校出版集团　大有书局

图书在版编目（CIP）数据

传统文化与领导力 / 王启涛著 . -- 北京 : 大有书局, 2023.9

ISBN 978-7-80772-131-4

Ⅰ . ①传… Ⅱ . ①王… Ⅲ . ①中华文化—应用—领导学—研分 Ⅳ . ① C933

中国国家版本馆 CIP 数据核字（2023）第 106641 号

书　　名	传统文化与领导力	
作　　者	王启涛　著	
出版统筹	严宏伟	
责任编辑	叶敏娟　李孟莹	
责任校对	李盛博	
责任印制	袁浩宇	
出版发行	大有书局	
	（北京市海淀区长春桥路 6 号　100089）	
综 合 办	（010）68929273	
发 行 部	（010）68922366	
经　　销	新华书店	
印　　刷	中煤（北京）印务有限公司	
版　　次	2023 年 9 月北京第 1 版	
印　　次	2023 年 9 月北京第 1 次印刷	
开　　本	160 毫米 ×230 毫米　16 开	
印　　张	12.75	
字　　数	128 千字	
定　　价	52.00 元	

本书如有印装问题，可联系调换，联系电话：（010）68928947

序

王启涛

我的书《传统文化与领导力》在中央党校出版集团大有书局出版，我感到非常荣幸。数十年来，我一直研究中华传统文化，同时进行东西方文化比较，并且担任高校教学科研机构的主要负责人，还兼任党政机关、企事业单位决策咨询机构的顾问，从理论到实践，我都有深切的感悟。2009年，我担任中央电视台《百家讲坛》主讲人，主讲《李冰》《范仲淹》，这两位人物都是中国历史上优秀的领导者；2020年，我因在中华传统文化上的一系列研究成果，被荣聘为教育部长江学者奖励计划特聘教授。如今，在《传统文化与领导力》即将出版之际，我还想把我最近、最新的研究成果附在书前，奉献给海内外从事领导与管理工作以及研究工作的同仁们，敬请大家批评指正。

记得是在2013年3月1日，我国的《参考消息》报道了美国《福布斯》杂志网站2020年2月18日文章《成功领导者必做的十五件事》，该文指出：如果渴望跻身领导层，或已担任领导职务，要成为职场上最成功的领导者，必须每天做好以下十五件事：一、让他人畅所欲言；二、果断决策；三、善于沟通与交流；四、鼓励他人思考；五、对他人负责；六、身作则；七、评价与奖励；八、不断给予反馈；九、知人善用；十、不耻下问；十一、处理问题，绝不拖沓；十二、展示正能量与积极态度；十三、做个好老师；十四、投资人脉；十五、真正享受责任。

看了这篇文章后，我发现几乎每条都好生面熟，当即用中华传统文化经典对这十五条进行逐一注释，从先秦时代起，中国本土的经典、经典研究者和经典践行者已经对这十五条经验论证和实践得极为透彻了，真可谓有"先见之明"，白纸黑字摆在那儿，不由得人不相信。2003年、2012年、2013年、2014年我在欧美讲学期间，不止一次建议西方学者和领导者、管理者，最好读一读中国的四书五经、经史子集，因为至迟从明代起，西方就有不少来华学者将中国经典译介到西方，西方的一大批启蒙思想家实际上是中华优秀传统文化的忠实粉丝，西方的近现代学术大师们几乎都把中国思想、文化和学术的关注与研究当成必修的功课，您只要去读读黑格尔的《哲学史讲演录》《历史哲学》，就会深有感触。中华优秀传统文化博大精深，其中的重头就是领导与管理智慧，因为中华文化说到底就是"人"的学问，这中间当然包括怎么领导"人"、怎么被"人"领导。所以，我们完全可以而且应该回到中国，回到中华优秀传统文化经典，去探寻领导艺术和管理智慧。

作为一名中国学者和管理者，我觉得有责任把自己国家的文化介绍给全世界，让世界的每一个角落都知道中华传统文化，知道从未间断的中华文化具有现代应用价值，中华传统文化中的领导艺术和管理智慧就是其中的代表。于是，我提出了"成功领导者必做的十五件事"之中国版，以与《成功领导者必做的十五件事》之美国版形成对照。我提出的"成功领导者必做的十五件事"（中国版）具体内容如下：一、修身与自我管理，二、齐家与立身之基，三、学习与事业之本，四、中庸与处事尺度，五、无为与管理技巧，六、细节决定成败，七、阴阳与辩证哲学，八、制度与规矩意识，九、执行力与成功之魂，十、绩效与用人要诀，十一、"智"与知己知彼，十二、"信"与公信力，十三、"仁"与慈爱之心，十四、"勇"与敢于担当，十五、"严"与令行禁止。以下是具体内容：

1.修身与自我管理。中华优秀传统文化所讲的修身和自我管理，主要是掌握好欲望和情绪这两个方面的"度"，欲望和情绪虽然不必泯灭，但是不能放纵，因为欲望和情绪的放纵会导致三个结果：

一是让自己身心疲惫、玩物丧志、邪念丛生。《孟子·尽心》"养心莫善于寡欲"朱熹集注："欲，如口鼻耳目四支之欲，虽人之所不能无，然多而不节，未有不失其本心。"这是讲欲望控制，《礼记·中庸》："喜怒哀乐之未发，谓之中，发而皆中节，谓之和。"这是讲情绪控制。西方学者罗宾斯也强调高成就者的典型特质是"情绪智力"而不是智商。"情绪智力"包括：自我意识（体会自我情感的能力）、自我管理（管理自己情绪和冲动的能力）、自我激励（面对失败和挫折依然坚持不懈的能力）、感同身受（体会他人情感的能力）、社会技能（处理他人情感的能力）（参见斯蒂芬·罗宾斯等著《管理学》，孙健敏等译，北京：中国人民大学出版社，2009年，第385页）

二是欲望和情绪的放纵会以伤害他人为代价。《贞观政要·君道》记载唐太宗一番语重心长的话："朕每思伤其身者不在外物，皆由嗜欲以成其祸。若耽嗜滋味，玩悦声色，所欲既多，所损亦大，既妨政事，又扰生民。"

三是欲望和情绪的放纵会带坏下级和百姓的风气。《韩非子·内储说左上》记载齐桓公喜欢穿紫色衣服，一国上下尽服紫。要知道在当时，紫色衣服是奢侈品，奢靡之风不可长啊，齐桓公开始担忧了，问管仲怎么办，管仲说，还是从您做起吧，快快远离紫色衣。

所以，中华传统文化所言"修身"，就是在控制欲望和情绪，曾国藩对此有深切的认识："'天行健，君子以自强不息。''地势坤，君子以厚德载物。'颐：'君子以慎言语，节饮食。'损：'君子以惩忿窒欲。'益：'君子见善则迁，有过则改。'鼎：'君子以正位凝命。'此六卦之大象，最切于人，颐以养身养德，鼎以养心养肾，尤为切要。"（引自王启原《曾国藩日记类钞》，合肥：安徽人民出版社，2013年，第25页）也正因为曾国藩本人做到了对欲望和情绪的有效控制，所以他成为封建士大夫中道德上的圣人、行政上的伟人、军事上的巨人、学术上的能人。

2. 齐家与立身之基。中华传统文化倡导百善孝为先，以孝治天下。《论语·学而》："有子曰：'其为人也孝悌，而好犯上者，鲜矣；不好犯上，而好作乱者，未之有也。君子务本，本立而道生。孝悌也者，其为人之本与？'"在儒家文化看来，人的一生是在家庭、学校、工作三个环境里度过的，一个人如果在家尽孝，在校就尊师，在国就忠君；一个人如果在家夫妻和谐，在校就团结同学，在单位就尊重同事和朋友；一个人如果在家疼爱子女，在校就爱护弟子，在单位就关爱下级和员工。

所以《论语·为政》》记载孔子的话，子曰："弟子，入则孝，出则悌，谨而信，泛爱众，而亲仁。"中华传统文化强调家庭和睦的重要性，也得到现代科学技术的证明。1967年，两位知名的心理学家霍尔莫斯和拉希对个人生活事件的压力水平及其对健康的影响进行了研究，发现对人情绪影响最大的实际上是家庭的变故。在《社会再适应量表》中，有生活改变事件四十三项，在一年里生活改变压力总值低于150点的人，生活健康状况良好，150-200点的轻度生活危机，200-300点的中度危机，超过一半的人会出现健康问题，超过300点的人，出现病痛的比例高达79%。在这四十三项目中，我统计了一下，家庭变化带来的压力竟然高达十四项，排在前三位的是，第一配偶亡故（压力值100）、第二离婚（压力值73）、第三夫妻分居（压力值65）。另十一项分别是，第五家族亲人亡故（压力值63）、第七新婚（压力值50）、第九夫妻复婚（压力值45）、第十一家庭成员患病（压力值44）、第十三性关系适应困难（压力值39）、第十四子女出世（压力值39）、第十九夫妻争吵加剧（压力值35）、第二十三子女成年离家（压力值29）、第二十六妻子新就业或刚刚离职（压力值26）、第三十二搬家（压力值20）、第三十九家庭成员团聚（压力值15）（参见孙健敏、李原编著《组织行为学》，上海：复旦大学出版社，2011 年，第 140 页）。所以，在中华传统文化中，兴家才能立业，家和才能万事兴。

中华传统文化往往将一个人的家庭素养与其领导素养联系起来。《吕氏春秋》卷十六《知接》里记载了这样一个故事：春秋五霸之一齐桓公宠爱易牙、竖刁、卫公子启方，管仲在弥留之际苦苦劝告桓公离开这三个人，齐桓公不以为然，说易牙把亲生儿子杀了给他吃肉，竖刁把身子阉割了来侍候他，卫公子启方十五年不回家看望父母而陪伴他。管仲一针见血地指出，这三人连亲情都没有，又怎么会有忠心呢？齐桓公依然无动于衷。果然，在管仲去世后，这三人发动叛乱，囚禁齐桓公，把桓公渴死、饿死，尸体生蛆，三月不葬。这成为千秋万代的反面教材。

中华文化强调领导者以家为本，主要体现在两个方面：一是要给上级、平级、下级和员工树立一个良好的家庭形象；二是要像经营家庭一样经营团队，要像关爱家庭那样关爱团体，要像为家庭承担责任那样为团体承担责任，要做到以情管人。

3. 学习与事业之本。中华传统文化也许是世界上最强调学习的一种文化了，儒家典籍《礼记·学记》《礼记·大学》《论语·学而》《荀子·劝学》都有"学"字。在儒家文化看来，"学"首先是学习怎么做人，学习怎么与人处理好关系，而不一定局限于专业知识和技能。德国学者马克斯·韦伯指出："孔子的学习始终以致用为纲，以德行为本。'学'是为了修身养性而成为君子，君子行仁而为政，为了达到学以修身，学以成仁的目的，孔子与弟子论述了乐学而好问、无倦与精进、敏捷与勤思、自省与改过等许多学习之道。"（马克斯·韦伯著《儒教与道教》中译本，张登泰、张恩富编译，北京：人民日报出版社，2007年，第126页《说明》）其次，"学"既要向书学，更要向人学，要向成功者学经验，向失败者学教训，还要学以致用，所以《论语·述而》言："三人行，必有我师焉。择其善者而从之，其不善者而改之。"《论语·里仁》也说，子曰："见贤思齐焉，见不贤而内自省也。"《老子》第二十七章也说："故善人者，不善人之师。不善人者，善人之资。"再次，"学"就是要边学习边反思边创新实践，《礼记·学记》："博学之，审问之，慎思之，明辩之，笃行之。"最后，"学"就是要活到老学到老，要有终身学习的理念。曾国藩说过："凡做好人，做好官，做名将，俱要有好师、好友、好榜样。""安得一二好友，胸襟旷达，萧然自得者，与之相处，砭吾之短。"（《曾国藩日记类钞》第41页）这些都是现身说法。

4. 中庸与处事尺度。 中庸就是不走极端，《礼记·中庸》："中也者，天下之大本也；和也者，天下之达道也。"朱熹在《四书集注》中注："中者，不偏不倚，无过不及之名。庸，平常也。"《左传·昭公二十年》："宽以济猛，猛以济宽，宽猛相济，政是以和。"曾国藩曾经就领导者如何把握好中庸尺度说过这样的话："凡事留余地，雅量能容人，总宜奖其所长，而兼规其所短。清高太过则伤仁，和顺太过则伤义。是以贵中道也。责过太直，使人惭恨，在我便是一过。"（《曾国藩领导方略》，常万里点评，长沙：湖南人民出版社，2014年）

5. 无为与管理技巧。"无为"是道家提出的一项治国理政的重要理念。《老子》第十章："爱国治民，能无为乎？"我们认为"无为"的价值体现在以下四个方面：（1）"无为"就是充分调动和发挥下级的积极性。《韩非子·八经》说过最差的领导者仅仅靠自己的能力单打独斗，平庸的领导者仅仅靠大家的力气低效蛮干，优秀的领导者靠大家的能力高效运转。（2）"无为"就是对下级分工准确、分工明确。对此，《韩非子·扬权》《韩非子·外储说左下》有详细论述。（3）"无为"就是不干扰下级的具体工作。对此，一代名帅孙武最有感触，《孙子兵法·九变》："将在外，君命有所不受。"《孙子兵法·谋攻》："将能而君不御者胜。"（4）无为就是制度健全而且不朝令夕改，让复杂的问题简单化，少一些人为因素和人情干扰。《韩非子·解老》明确指出"治大国者若烹小鲜"的诀窍就是健全而稳定的制度。

6. 细节决定成败。 这一理念体现在以下四个方面：（1）细节与危机意识。防微杜渐，居安思危；千里之堤，溃于蝼蚁，所以人无远虑，必有近忧。《老子》第六十三章："图难乎，其易也；为大乎，其细也；天下之难，作于易；天下之大，作于细。是以圣人终不为大，故能成其大。"《老子》第六十四章："其安易持，其未兆易谋。其脆易判，其微易散。为之于其未有，治之于其未乱。合抱之木，生于毫末；九成之台，起于累土；千里之行，始于足下。"（2）细节与精细化、数字化管理。这一方面的先驱就是孙武，《孙子兵法·军形》指出军事领导艺术的诀窍就是要精于计算：一是度，即估算土地的面积；二是量，即推算物资资源的容量；三是数，即统计兵源的数量；四是称，即比较双方的军事综合实力；五是胜，即得出胜负的判断。土地面积的大小决定物力、人力资源的容量，资源的容量决定可投入部队的数目，部队的数目决定双方兵力的强弱，双方兵力的强弱得出胜负的概率。曾国藩谈行政管理有三个要紧的地方，一是剖析，二是简要，三是综核。"剖析"就是抓细节，"简要"就是抓重点，"综核"就是回头看。说到底，精细化分析和管理，就是靠数据思维、说话、办事、考核，领导和管理基本上就是一种数学程序、概念、符号以及模型的演算和推导。美国学者伯法（E·S·Buffa）也提出管理要力求减少决策的个人艺术成分，依靠建立一套决策程序和数学模型以增加决策的科学性，将众多方案的各种变数或因素加以数量化，利用数学工具建立数量模型研究各变数和因素之间的相互关系，寻求用数量表示的最优化方案，决策的过程就是建立和运用数学模型的过程。同时，还要将各种可行的方案以经济效果作为评价的依据，例如成本、总收入和投资利率等（参见王关义等《现代企业管理》，北京：清华大学出版社，2019年，第58页）。

7. 阴阳与辩证哲学。中华传统文化主张看问题要辩证地看，要看到问题的不同侧面。福祸两相依，居安要思危；逆境不绝望，否极又泰来。《淮南子·人间训》里所讲"塞翁失马、焉知非福"的故事就是这一理念的生动演绎。由此引申，领导者应该辩证地对待自己的权威和权力。领导者振臂一呼，应者云集，但由于身居高位，很容易高高在上，颐指气使，因此，更需要低下身段，谦和待人，《老子》第六十六章说："江海所以能为百谷王者，以其善下之，故能为百谷王。是以欲上民，必以言下之；欲先民，必以身后之。是以圣人处上而民不重，处前而民不害。是以天下乐推而不厌。以其不争，故天下莫能与之争。"《老子》第二十二章："不自见故明，不自是故彰，不自伐故有功，不自矜故长。夫唯不争，故天下莫能与之争。"范仲淹《奏上时务书》："经曰：'祸兮福所倚，福兮祸所伏'，防之于未萌，治之于未乱。善安国者，当太平之时，不谓终无危乱，于是有教化经略之备焉。"曾国藩也指出："天下无易境，天下无难境；终身有乐处，终身有忧处。"说的都是同样的道理。

8. 制度与规矩意识。在中华传统文化看来，制度极为重要，体现在两个方面：（1）制度涉及奖惩，具有先说断后不乱的威慑力，可以使复杂的问题简单化。《韩非子·有度》："故以法治国，举措而已矣。法不阿贵，绳不挠曲。法之所加，智者弗能辞，勇者弗敢争。刑过不辟大臣，赏善不遗匹夫。"（2）制度贵在落实。《韩非子·五蠹》："是以赏莫如厚而信，使民利之；罚莫如重而必，使民畏之；法莫如一而固，使民知之。"所以韩非子认为，通过制度，可以使全社会每一个人不敢、不愿、不能、不必违法乱纪。《韩非子·外储说左下》这样说道："故明主者，不恃其不我叛也，恃吾不可叛也；不恃其不我欺也，恃吾不可欺也。"

9. 执行力与成功之魂。中华传统文化非常强调执行力，《礼记·中庸》："博学之，审问之，慎思之，明辨之，笃行之。"可见说一千道一万，最后还是要落实到一个"行"字上来。道家把有执行力的人看成最优秀的人，《老子》第四十一章："上士闻道，勤而行之；中士闻道，若存若亡；下士闻道，大笑之，不笑不足以为道。"荀子把有执行力的人看成"国宝"，《荀子·大略》"口能言之，身能行之，国宝也；口不能言，身能行之，国器也；口能言之，身不能行，国用也；口言善，身行恶，国妖也"，继而又说"治国者敬其宝，爱其器，任其用，除其妖"。儒家更是强调行重于言，《论语·里仁》："君子欲讷于言而敏于行。"《孔子家语·颜回》："君子以行言，小人以舌言。"王阳明《传习录》强调"知行合一"，曾国藩《应诏陈言疏》更是严厉批评当时没有执行力的官吏："京官办事通病有二：曰退缩、曰琐屑。外官办事通病有二：曰敷衍、曰颟顸。退缩者，同官互推，不肯任怨，动辄请旨，不肯担责任咎。琐屑者，锱铢必较，不顾大体，察及秋毫，不见舆薪。敷衍者，装头盖面，但计目前，剜肉补疮，不问明日。颟顸者，外面完全，中已溃烂，奏章粉饰，而语无归宿。"（参见张宏杰著《曾国藩的正面与侧面》，北京：国际文化出版公司2011年，第8-9页）

10. 绩效与用人要诀。中华传统文化强调干部提拔过程中绩效考核的重要性，《后汉书·荀彧传》："原其绩效，足享高爵。"《旧唐书·夏孜传》："录其绩效，擢处钧衡。"说的就是这个意思。绩效考核源远流长，《尚书·虞夏书·舜典》记载尧舜对官吏三年一考核并换届："帝曰：'咨，汝二十有二人，钦哉，惟时亮天功。'三载考绩，三考，黜陟幽明，庶绩咸熙。"好的绩效来自上下级双向反馈与密切沟通。唐代的法典《唐律疏议·职制》"事应奏而不奏"规定："诸事应奏而不奏，不应奏而奏者，杖八十，应言上而不言上，虽奏上不待报而行，亦同。不应言上而言上，及不由所管而越言上，应行下而不行下，及不应行下而行下者，各杖六十。"可见唐代行政法规定：上下级不双向互动，不密切沟通，都要挨板子。通过绩效考核程序，官员从基层逐级提拔。《韩非子·显学》："故明主之吏，宰相必起于州部，猛将必发于卒伍。夫有功者必赏，则爵禄厚而愈劝；迁官袭级，则官职大而愈治。"因此，对于领导者来说，经验和历练更为重要，读万卷书，不如行万里路，阅历高于学历，阅历决定境界，境界决定水平，水平决定思路，思路决定出路。

11. "智"与知己知彼。 中国传统文化认为"智"就是"知"，"知道"的"知"，具体说来就是知己知彼、知天知地，一个优秀的领导者必须知道我方与敌方的优势和短板，知道天时地利哪一方更占优，只有这样才能预见和计划，才能百战不殆。《孙子兵法·计》强调领导者必须洞察敌我双方七个方面的胜败要素：一、谁的政治清明，二、谁的将领杰出，三、天时地利谁更占优，四、制度谁更严明，五、民众谁更强大，六、士卒谁更熟练，七、赏罚谁更分明。《孙子兵法·谋攻》又强调：能准确预见仗能打或不能打的，胜；知道根据敌我双方兵力的多少采取对策者，胜；全国上下，全军上下，意愿一致、同心协力的，胜；以有充分准备来对付毫无准备的，胜；主将精通军事、精于权变，君主又不加干预的，胜。所以，古往今来，无论是军事竞争还是商业竞争，情报就显得异常重要，所有的较量首先是信息的竞争。《孙子兵法·用间》："故明君贤将所以动而胜人，成功出于众者，先知也。先知者，不可取于鬼神，不可象于事，不可验于度，必取于人，知敌之情者也。"

12. "信"与公信力。 中华传统文化认为：讲信用是相互的，领导者的公信力比什么都重要，"信"首先体现在对下级真诚。历史上"烽火戏诸侯"的例子，大家耳熟能详了。《韩非子·外储说左上》记载了一个与之相似的例子："楚厉王有警，与百姓为戒。饮酒醉，过而击，民大惊。使人止之，曰：'吾醉而与左右戏而击之也。'民皆罢。居数月，有警，击鼓而民不赴。"唐代的太宗皇帝素来反对对自己的下级来阴的，不搞什么"忠诚测试"。

《贞观政要·论诚信》："贞观初，有上书请去佞臣者，太宗谓曰：'朕之所任，皆以为贤，卿知佞者谁耶？'对曰：'请陛下佯怒以试群臣，若能不畏雷霆，直言进谏，则是正人，顺情阿旨，则是佞人。'太宗谓封德彝曰：'流水清浊，在其源也。君者政源，人庶犹水，君自为诈，欲臣下行直，是犹源浊而望水清，理不可得。朕常以魏武帝多诡诈，深鄙其为人，如此，岂可堪为教令？'谓上书人曰：'朕欲使大信行于天下，不欲以诈道训俗，卿言虽善，朕所不取也。'"

"信"还体现在对上级的忠诚，对平级的真诚。早在秦王朝，就有干部考核和任免条例，《睡虎地秦墓竹简·为吏之道》强调"吏有五善：一曰中（忠）信敬上，二曰精（清）廉毋谤，三曰举事审当，四曰喜为善行，五曰龚（恭）敬多让。五者毕至，必有大赏"。

《贞观政要·论诚信》严厉批评对上级的阿谀奉承和对平级的阳奉阴违："昔贞观之始，乃闻善惊叹，暨八九年间，犹悦以从谏。自兹厥后，渐恶直言，虽或勉强有所容，非复囊时之豁如。謇谔之辈，稍避龙鳞；便佞之徒，肆其巧辩。谓同心者为擅权，谓忠谠者为诽谤。谓之为朋党，虽忠信而可疑。"曾国藩指出居官者有四大败身之道：昏惰任下、傲狠妄为、贪鄙无忌、反复多诈。

最后，"信"还体现在政令要兑现落实，不能放空炮。《韩非子·初见秦》说得很深刻："言赏则不与，言罚则不行，赏罚不信，故士民不死也。"《贞观政要·论诚信》更指出："言而不信，言无信也；令而不从，令无诚也。不信之言，无诚之令，为上则败德，为下则危身，虽在颠沛之中，君子之所不为也。"

13. "仁"与慈爱之心。 中华传统文化认为，领导者应该具有一个慈爱之心。《论语·学而》："子曰：'道千乘之国，敬事而信，节用而爱人，使民以时。'子曰：'弟子，入则孝，出则悌，谨而信，泛爱众，而亲仁。'"即使是执法者，也应该有人文关怀。《韩非子·说一》记载了一个生动的例子，说的是孔子在卫国担任高官，弟子子皋是狱吏，曾经砍掉一名犯人的脚，后来这名犯人守大门。不巧，天有不测风云，有人对孔子羡慕忌妒恨，在卫国国君那里说孔子的坏话，污蔑孔子要作乱。卫君信了，派兵来抓孔子和他的弟子们。一时间，孔门弟子逃命要紧。当年担任狱吏的孔门弟子子皋也在逃命，正值穷途末路之时，一名守门人把他带入地下室，救了他一命，他定睛一看，救命恩人不是别人，正是当年被他下令砍掉脚的犯人。到了半夜，子皋问此人："我当年执行王法砍了你的脚，现在正是你报仇的好机会，你为什么要救我？"此人答道："当年我是罪有应得，我谁也不怨。但让我暖心的是，当年您在办我这个案子时，想方设法找证据证明我无罪，直到铁证如山，宣判定罪之时，您伤心不已，这些细节我都看在眼里。您是个天性慈爱的人，所以我一辈子念您的好。"

《韩非子·内储说左上》记载了一个故事：当年吴起担任魏国的统帅攻打中山国，有个士兵生了毒疮，吴起跪下来把脓吸干净。殊不知这名士兵的妈妈痛哭不已，说道："吴起当年用这招，给孩子他爹吸毒疮，结果他爹为他战死，现在他又给我的儿子吸毒疮，看来儿子为他战死的日子不远了，我怎么不痛哭啊？"《史记·淮阴侯列传》记载西楚霸王项羽平时对人嘘寒问暖，一旦大家立功应赏时，项羽却把行赏的印章握在手心，握烂了也不盖下去，结果呢，不少人投奔刘邦，因为刘邦总是重赏猛夫，所以刘邦最终成了帝王，项羽只是霸王。看来，领导者的慈爱之心，还体现在不吝奖赏。曾国藩曾经说过："待下之法，有应宽者二，有应严者二。应宽者：一则银钱慷慨大方，绝不计较，当充裕时，则数十百万掷如粪土，当穷窘时，则解囊分润，自甘困苦，一则不与争功，遇有胜仗，以全功归之，遇有保案，以优奖笼之。应严者：一则礼文疏淡，往还宜稀，书牍宜简，话不可多，情不可密。一则剖明是非，凡渠部弁勇有与百官兴争讼，而适在吾辈辖境，及来诉苦者，必当剖决曲直，毫不假借，请其严加惩治。应宽者，利也，名也，应严者，礼也，义也。四者兼全，而手下又有强兵，则无不可相处之悍将也。"（《曾国藩领导方略》，常万里点评，长沙：湖南人民出版社，2014年，第118页）

14. "勇"与敢于担当。一个优秀的领导者要勇于担当。《论语·宪问》记载孔子认为"勇"是领导者必须具备的三种素质之一——子曰："君子道者三，我无能焉：仁者不忧，知者不惑，勇者不惧。"子贡曰："夫子自道也。"《韩非子·饬令》写道："以威勇战，其国无敌。""勇"

体现在领导各官吏工作中,就是果断决策,《论语》:"季康子问:'仲由可使从政也与?'子曰:'由也果,于从政乎何有'"《论语》:"季文子三思而后行。子闻之,曰:'再,斯可矣。'"由于机会稍纵即逝,所以果断决策、当机立断是成功的前提,《孙子兵法·九地》:"兵之情主速,乘人之不及,由不虞之道,攻其所不戒也。"

15."严"与令行禁止。中华传统文化认为,慈不带兵,严则生威。因此领导者对己对人都应该"严"字当头,《孙子兵法·行军》:"卒未亲而罚之,则不服,不服则难用。卒已亲附而罚不行,则不可用。"《孙子兵法·地形》:"视卒如婴儿,故可以与之赴深溪;视卒如爱子,故可与之俱死。厚而不能使,爱而不能令,乱而不能治,譬若骄子,不可用也。"《论语·学而》也说:"子曰:'君子不重,则不威。'"《韩非子·诡使》明言管理之道"一曰利,二曰威,三曰名。夫利者所以得民也,威者所以行令也,名者上下之所同道也"。用今天的话来说,就是奖、惩与民心,一个都不能少。曾国藩曾经说过:"治家贵严,严父常多孝子。不严则子弟之习气日就佚惰,而流弊不可胜言矣。故《易》曰:'威如吉。'欲严而有威,必本于庄敬,不苟言,不苟笑,故曰:'威如之吉。'反身之谓也。"他在写给弟弟曾国荃的信中说道:"应宽者,利也,名也;应严者,礼也,义也。亲严疏宽。凡善将兵者,日日申诫将领,训练士卒,遇有战阵小挫,则于其将领责之戒之,甚者或杀之,或且泣且教,终日絮聒不休,正所以爱其部曲,保其本营之门面声名也。"曾国藩《送李鸿章赴沪之求人治事论》又言对下属的严格行政:"督责,如商鞅立木之法,孙子斩美人之意,所谓千金在前,猛虎在后。"

  2012年夏天，我在英国伯明翰大学进行学术交流时，在一家书店购得美国学者马丁·雅克所著《当中国统治世界：中国的崛起和西方世界的衰落》(伦敦：企鹅出版集团2012年出版)，封底有英国权威刊物《经济学家》为该书新版所写的评介语："中国对世界的影响不只是她的经济，还有她的文化。中国强有力的文明正在复兴和再次证明自己的价值。"我想，中华文化作为东方文明的代表，与西方文明异曲同工，殊途同归，正如《易·系辞下》记载孔子所言："天下何思何虑？天下同归殊途，一致而百虑。"恰似宋代大儒陆九渊《象山全集》卷二二《杂说》所言："千万世之前，有圣人出焉，同此心，同此理也；千万世之后，有圣人出焉，同此心，同此理也；东、南、西、北海有圣人出焉，同此心，同此理也。"又有当代学者钱锺书先生在《谈艺录·序》所言："东海西海，心理攸同，南学北学，道术未裂。"我想用先哲前贤的这些话来作为我本篇序的结束语。谢谢大家。

目录

第一讲　国学原本是什么 / 001
　一　国学最早的含义 / 001
　二　古代从政者的六门必修课 / 003

第二讲　国学现在是什么 / 042
　一　国学的崭新意义 / 042
　二　学好国学的标准 / 050
　三　如何学好国学 / 054

第三讲　儒家篇 / 057
　一　孔子有管理能力吗 / 057
　二　儒家三大智慧 / 066

第四讲　道家篇 / 115
　一　道家为什么对管理在行 / 115

二　老子从政三宝　/　120

第五讲　**法家篇**　/　**147**
　　一　"务实"的韩非子　/　147
　　二　重"法"讲"公"　/　153

第六讲　**兵家篇**　/　**161**
　　一　只赢不输的将军　/　161
　　二　《孙子兵法》三大法宝　/　165

第一讲　国学原本是什么

一　国学最早的含义

"国学"最早的含义就是"国立的、培养未来官员的学校",从一定程度上讲,相当于今天的国家行政学院。

为什么这样讲呢?

"国学"这个词出现得很早,在儒家的重要典籍《周礼》中就有了。《周礼》里面说:叫一个能歌善舞的音乐家来国学上课,教学生们跳舞。(《周礼·春官·乐师》:乐师掌国学之政,以教国子小舞。)

"周礼"这个书名,意思是周王朝礼制。周王朝是中国礼制集大成的一个朝代。孔子曾经感叹道:"周朝的礼仪制度是以夏朝和商朝两代为根据制定的,真是蔚为壮观啊,我主张学习周朝的。"而周礼制定过程中有一个重要的人物是周公，周公姓姬，名旦，是周文王的儿子，周武王的弟弟，周成王的叔叔，又是孔子的祖国——鲁国的始祖。当年周公辅佐年幼的成王，把周王朝带向一个充满和谐、空前繁荣的新时代，特别是周公强调个人行为要符合礼仪，个人要为公众做必要的牺牲，个人要明白自己在社会中的角色和地位，每个人要真诚互信而胸怀坦荡，这些都具有永恒的价值。所以孔子成为周公的"铁杆粉丝"，年老的时候，孔子伤感地说："我老得好厉害啊，因为好长时间没有梦见周公了。"（《论语·述而》：甚矣吾衰也！久矣吾不复梦见周公）孔子说他自己崇信古代文化，特别是对于周王朝的变化，只是阐述而不原创。（《论语·述而》：述而不作，信而好古，窃比于我老彭。）

孔子处在礼崩乐坏的春秋末期，他认为只有前代（特别是周代）最能代表古代文化的精髓，周文化的管理体系、周文化的价值标准，都最值得追思和效法，所以孔子认为，唯有研究这些古代文献和文化，才能够回味那个美好而伟大的时代，为现实的有序管理和伦理重建服务。所以，孔子倡导全面复兴周王朝的礼乐制度，要帮助每一个人具备正确而妥帖的言谈举止。最为重要的是，统治者本人也必须在被领导者面前率先垂范，以身作则，具备一流的、大家效法的文明礼仪。所以，从这个意义上讲，孔子追求的是夏商周的文艺复兴；周公是国学之父，孔子是国学之师。

刚才讲过，中国古代的"国学"，从字面上讲，就是"国家办的学校"，"国学"里的学生，都是未来官员的后备人选（那时候不像现在分工很细，比如设置专门的科学技术岗位）。后来，国学指"中国传统的文化和学术"，那已是两千多年后20世纪的事情了。

二 古代从政者的六门必修课

古代的学校为学子（未来从政者的后备人选）开设了六门课程。你只要学好了这六门课，也就具备了一个官员的基本素质：身体素质、心理素质和业务素质。

究竟是哪六门课程呢?《周礼》中记载了这六门课程：礼、乐、射、御、书、数。[养国子以道，乃教之六艺：一曰五礼，二曰六乐，三曰五射，四曰五驭，五曰六书，六曰九数。乃教之六仪，一曰祭祀之容，二曰宾客之容，三曰朝廷之容，四曰丧纪之容，五曰军旅之容，六曰车马之容。(《周礼·地官司徒·保氏》)] 孔子也说一个人要游憩于礼、乐、射、御、书、数六艺之中，要以"道"为最高目标，以"德"为行事依据，以"仁"为人生信条。[子曰："志于道，据于德，依于仁，游于艺。"(《论语·述而》)]

礼

中国古代给未来的从政者上的第一堂课就是"礼"。

"礼"这个字，繁体写作"禮"，从这个字的形体可以看出，是一

清代·焦秉贞·《孔子圣迹图》之《太庙问礼》

个人拿着酒肉进行祭祀,其中的"豆"是古代祭祀时盛肉类等食品的器皿。

以孔子为代表的儒家,原本就是主持祭祀起家的,担当婚丧嫁娶的司仪是其本行,这在国学典籍中还有蛛丝马迹。《论语·卫灵公》里面记载了这么一个引人注意的细节:卫灵公向孔子咨询有关军队的排兵布阵之法,孔子回答道:"俎豆这一类礼仪祭祀的事情,我曾经听到过;军队的事情,从来没有学习过。"第二天便离开了卫国。孔子一辈子最小心谨慎的是三件事:斋戒、战争、疾病。[子之所慎:齐、战、疾。(《论语·述而》)]

祭祀是庄严的，是虔诚的，是要讲规矩仪式的。所以，"礼"从一开始就培养一个人（未来的官员）守规矩的习惯，培养他严肃认真的态度和修养，培养他庄重稳健的做官风度。

人与动物最本质的区别是什么？是讲不讲礼。这在儒家的一部重要典籍《礼记》里面已经讲了。《礼记·曲礼上》开篇即言："道德仁义，非礼不成；教训正俗，非礼不备；分争辨讼，非礼不决；君臣、上下、父子、兄弟，非礼不定；宦学事师，非礼不亲；班朝治军，莅官行法，非礼威严不行；祷祠、祭祀、供给鬼神，非礼不诚不庄。是以君子恭敬、撙节、退让以明礼。鹦鹉能言，不离飞鸟。猩猩能言，不离禽兽。今人而无礼，虽能言，不亦禽兽之心乎？夫唯禽兽无礼，故父子聚麀。是故圣人作，为礼以教人，使人以有礼，知自别于禽兽。"因此，依《礼记》所言，不讲礼就不是人，而是禽兽了。

中国古人认为，"礼"是约束自己的行为，是谦让对方的行为，《论语》当中有记载，孔子的弟子颜渊感叹地说："老师（孔子）非常耐心地引导我，用知识丰富我，用礼约束我。"[颜渊喟然叹曰："仰之弥高，钻之弥坚。瞻之在前，忽焉在后。夫子循循然善诱之，博我以文，约我以礼，欲罢不能。既竭吾才，如有所立，卓尔。虽欲从之，末由也已。"（《论语·子罕》）] 所以汉语中有四个词，一是"礼节"，二是"礼让"，三是"礼品"，四是"礼貌"。这说明了两个特点：

一是"礼"就是对自己生理和心理欲望、言语和行为习惯进行节制，不自私，不自大。《礼记·曲礼》讲道："从于先生，不越路而与人言。遭先生于道，趋而进，正立拱手。先生与之言则对；不与之言则趋而退。""侍坐于先生，先生问焉，终则对。"

二是"礼"往往要通过外在的形式体现，要么是言语、行为，要么是礼品（古人说"礼尚往来"，"来而不往非礼也"，俗话说"礼轻情义重"，"礼多人不怪"）。韩非子说："'礼'是用来表现情感的，是各种理所应当的人事关系的有条理的表现，是用来规定君臣、父子的关系的，是用来表明贵贱、贤愚的区别的。一个人如果心中有某种感情不能表达，就可以用小步快走、言行很谦卑、弯腰九十度等礼貌方式来表明心意；心里确实爱慕一个人，而别人不了解，就可以用美好动听的礼貌言辞来一诉衷肠。所以啊，'礼'是用来表明内心感情的外部装饰。"（《韩非子·解老》：礼者，外饰之所以谕内也。）说到底，"礼"就是与人打交道时要尊重别人。在儒家学派中，荀子很讲"礼"，他也说，"礼"，一句话，就是尊老爱幼，尊贤容众。（《荀子·大略》：礼也者，贵者敬焉，老者孝焉，长者弟焉，幼者慈焉，贱者惠焉。）汉语里面还有一个词"礼法"，表明中国古代在制定法律时是以"礼"为标准，"法"是维护"礼"的，所以，像唐代最有名的法典《唐律疏议》，其实也是为了维护一整套礼仪制度而设的。

一个人要讲礼，懂得敬畏对方，不管是自己的上级、平级或下级，都要彬彬有礼，让人觉得这个人有礼貌；一个团队要讲礼，让人觉得这个团队有礼数（在西方学者看来，儒家文化作为官方主流意识形态已经盛行近两千年了，其强调自身的道德修养与纯洁性，强调人类事务中团队的至高无上，强调稳定与统一，成为中国文明最重要的内容。这些理念是孔子在动乱无序、四分五裂的春秋末期的痛苦岁月里领悟、总结出来的。他充分见证了动荡、分裂付出的巨大代价，所以和谐宁静是他的最高理想）；一个国家讲礼，让人觉得这个国家是礼仪之邦。

所以不管是对个人，还是对群体、国家，"礼"都是让别人觉得自己没有冒犯对方、让对方感到自身安全没有受到威胁的一种风度。所以，我认为，我们现在可以在"依法治国""以德治国"的基础上，再提出"以礼治国"的新思路。其实，这个思路在孔子那里已经提到了，孔子说："以政令来管理国家，以刑法来约束百姓，百姓虽不敢犯罪，但他们不以犯罪为耻；以道德来引导百姓，以礼让来启发百姓，百姓不仅遵纪守法，而且引以为荣。"［子曰："道之以政，齐之以刑，民免而无耻；道之以德，齐之以礼，有耻且格。"（《论语·为政》）又请比较《荀子·王霸》：国无礼则不正。礼之所以正国也，譬之犹衡之于轻重也，犹绳墨之于曲直也，犹规矩之于方圆也，既错之而人莫之能诬也。］《论语》中还记载，孔子专门说道："能用礼让治国吗？好！这有什么难的！"［子曰："能以礼让为国乎，何有？不能以礼让为国，如礼何？"（《论语·里仁》）］

孔子与晚他几十年出生的苏格拉底都相信每一个人只要通过学习，

就可以用道德的力量和纯洁的修养，通过榜样的力量和礼乐的教化，达到自我管理和管理他人的目的，最终取胜于天下，而不是通过法律和刑罚的强制手段来达到目的。

从上面孔子的话可以看出："依法治国"固然重要，但还比不上"以德治国"和"以礼治国"，那才是管理国家的最高境界。因为"法"只是客观上强迫大家不要去冒犯别人，"礼"才是主观上要求自己去尊重别人。一个是"要我做"，一个是"我要做"；一个是强迫的、惩罚式的，一个是主动的、激励式的。所以，我们在领导和管理一个单位、一个企业时，如果能够在制定严明的规章制度的同时，又出台一系列很亲切、很柔性的职业礼仪，倡导大家履行一种礼让他人、尊重别人的健康而阳光的工作方式、生活方式，那效果肯定会不一样。

在中国古代，最讲"礼"的可能要算儒家了。笔者上文提过，不管是婚丧嫁娶，还是入学拜师，抑或对天地万物之神的祭祀，都有礼节仪式，有时还要请礼乐之官（司礼）来当主持人，孔子的祖先多次担当这类司仪，连孔子本人也做过此事。既然"礼"是约束自己的行为，那么，中国古代的官员究竟要掌握哪些"礼"呢？

一般来说要掌握"五礼"，就是：吉、凶、军、宾、嘉。

先说"吉礼"。

主要就是祭祀之礼，也就是对天地、山川、日月、春夏秋冬四时之神，都要朝拜。笔者认为，这是培养未来的官员尊重自然规律，与天地四时和谐相处,不要天不怕地不怕,而要对大自然有敬畏之情,由此类推,自然而然产生对领导、对长辈、对贤能之辈的尊敬之情。所以《论语·季氏》中记载孔子的话:"君子敬畏的有三件事:敬畏天命,敬畏有德之王公大人,敬畏圣人的言语。小人不知道天命,所以不敬畏,他轻视有德之王公大人,轻侮圣人的言语。"[君子有三畏:畏天命,畏大人,畏圣人之言。(《论语·季氏》)] 有一位卫国的大臣问孔子:"与其巴结屋子里西南角的神,还不如巴结灶君司命。这两句话是什么意思?"孔子说:"不对,如果得罪了天,祈祷也没有用。"

再说"凶礼"。

就是在发生天灾人祸、生老病死时所行之礼——这是培养人的家庭之情、怀旧之情,也就是对老祖宗要有感恩之情。

不信吗?在《论语》里就记载了这么一个细节:孔子的朋友死了,没人办丧事,孔子说:"我来办。"(见《论语·乡党》)为什么要给死去的人办丧事呢?主要还是办给活人看的,要激励大家继承逝者的遗志,所以《论语》里记载了一位儒家的杰出人士曾子的话:"认真办理丧事,深切怀念先人,社会风气就会归于纯朴。"[曾子曰:"慎终追远,民德归厚矣。"(《论语·学而》)]《论语》里面记载孔子在死了亲属的人旁边吃饭,从来不吃饱以示同哀(见《论语·述而》)。而且,儒家还提倡丧事要按照礼数来办,《论语》中记载,有一个人问孔子:"什么是孝啊?"孔子说:"不违礼。"也就是说,对父母的孝,包含两个方面:活着时按礼侍奉，死之后按礼安葬、按礼纪念。

更有意思的是：孔子还提出办丧事要从简，而且要节哀，主要是寄托大家的哀思，激励大家向去世的人学习罢了。《论语》里记载，有一个叫林放的人向孔子请教"礼"的本质。孔子说："礼仪，与其隆重，不如节俭；丧事，与其奢侈，不如悲戚。"［林放问礼之本。子曰："大哉问！礼，与其奢也，宁俭；丧，与其易也，宁戚。"（《论语·八佾》）］言下之意：丧礼没有任何必要搞得太复杂！情到意到就行了。

更为重要的是，孔子提倡要为父母守孝三年，这是一种感恩之举。为此，孔子与其弟子还有一场大辩论呢。《论语·阳货》里面记载了这样一个故事，孔子的弟子宰我问："父母死了，守孝三年，为期也太久了。君子有长达三年的时间不去学习礼仪，礼仪一定会废弃掉；三年不去奏音乐，音乐一定会失传；陈谷已经吃完了，新米已经登场了，打火用的燧木又经过了一个轮回，一年也就可以了。"孔子说："父母死了，不到三年，你便吃那个白米饭，穿那个花缎衣，你心里安不安呢？"宰我说道："安。"孔子便抢着说："你安，你就去干吧。君子守孝，吃美味不晓得甜，听音乐不觉得快乐，住在家里不觉得舒适，所以才不这样干，如今你既然觉得心安，你去干好了。"宰我退了出来，孔子说道："他真不仁啊，儿女生下地来，三年以后才能完全脱离父母的怀抱，替父母守孝三年，都是如此的。他难道就没有从他父母那里得到三年怀抱的爱护吗？"所以古代有"丁忧"一说，指遭逢父母丧事。父母死后，子女要守孝，三年内不做官，不婚娶，不赴宴，不应考。

以上是说"吉礼""凶礼"，现在说其他三礼：

"军礼"就是军事操练之礼——培养人的团队精神、大局意识和服从意识，也就是和同事有协作之情；

"宾礼"即接待宾客、待人接物之礼——培养人与人相互尊重、和谐相处的意识，也就是对友人有沟通之情；

"嘉礼"指婚冠等礼——培养人的家庭责任意识、互敬互爱意识，也就是对家人有天伦之情。

我们想想：即使在今天，一个官员、一个团队、一个职工如果具备了上面所说的敬畏之情、感恩之情、协作之情、沟通之情、天伦之情，难道还不合格吗？

中国古人讲"礼"，首先要对三种对象讲，从《大戴礼记》和《荀子》中可以看出，这三种对象是天地、先祖、君师，也就是大家经常说到的"天地君亲师"。《荀子》一书说过，不给天地行礼，就不知道自己是从哪里来的；不给先祖行礼，就不知道自己是什么；不给国君和老师行礼，就不知道自己怎么立足于这个世界。[礼有三本：天地者，生之本也；先祖者，类之本也；君师者，治之本也。(《荀子·礼论》)]这番话直到今天仍发人深省。

古人还提出"礼义廉耻"，这是古代提倡的四种道德规范。古人认为这是治国之四纲，亦称"四维"。(《管子·牧民》：何谓四维？一曰礼，二曰义,三曰廉,四曰耻。礼不逾节,义不自进,廉不蔽恶,耻不从枉。)《管子·牧民》解释道:"礼就是不越轨,义就是不自私,廉就是不遮丑,耻就是不学坏。"

所以,中国古人认为"礼"就是行为准则,就是道德规范,就是各种礼节。一句话:"礼"就是约束您、提醒您"不要做什么"。有一次,孔子的得意门生颜渊问什么是"仁德",孔子说道:"克制自己,使自己的言语行动都合乎礼,这就是仁。一旦做到了,天下的人都会称许你是仁人。实践仁德,完全凭自己,还凭别人吗?"颜渊又问:"具体要做些什么呢?"孔子答道:"不合乎礼的事情不看,不合乎礼的话不听,不合乎礼的话不说,不合乎礼的事情不做。"颜渊听了后说:"我虽然迟钝,也要实践您这一席话。"[子曰:非礼勿视,非礼勿听,非礼勿言,非礼勿动。(《论语·颜渊》)]《诗经》里说:"人如果不懂礼,还不如死了算了。"班固在《汉书》中说,"礼"其实也很简单,就是"进退有度,尊卑有分"八个字。

需要说明的是:"礼"是要通过仪式来体现的。所以汉语中有一个词叫"礼仪",比如婚礼、葬礼、军礼、祭祀之礼,哪一个没有固定的程序和仪式呢?讲礼就必须有仪式,这个我们千万不要嫌麻烦,千万不要觉得这是在走形式,千万不要觉得这是在务虚而不务实。比如说,一个人结婚一定要举办婚礼,因为这是结婚者向众人约束自己:我会为对方尽一份责任,我会为亲友守一份承诺。一个人去世也要举行葬礼,这是生者向死者约束自己：我们没有忘记死者，更不会忘记死者可取的地方。一个团队、一个国家都要通过典礼来约束自己：我们是一个整体，我们要通过这一典礼来增强自己的凝聚力，来向他人展示自己的存在和实力。中华人民共和国举行盛大的国庆典礼，是否有必要？我们说，非常有必要。中国通过这样一场盛大的典礼向世界宣告了两个主题词：强大、统一。

在今天打造企业文化中，企业领导为了增强本企业的凝聚力和外塑形象，搞各式各样的"典礼""庆典"。企业正是通过这种团队活动，如运动会、嘉年华、文艺晚会、报告会等，让全体职工明白我是这个企业中重要的一员，更重要的是让他们肩负起责任，约束自我，服务大局，与公司的明天共荣辱。大家通过"典礼"这种形式，这种表面看来"务虚"的东西，懂得了更实在的内容和主题，增强了企业的凝聚力。

笔者通过以上的讲解，初步介绍了中国古代培养官员的学校——"国学"里重视"礼"，并把"礼"作为第一堂课来开设的个中缘由。原来，古人认为，一个官员、一个团队、一个国家，首先必须是讲礼，从衣着服饰到语言行为，都能约束自己不随随便便、马马虎虎，都有规定的程序，不然，就显得粗鄙无礼了。

中国是礼仪之邦，中国的礼仪其实是非常复杂的，我们的管理者应该认真地学，不然就要闹笑话。这里笔者列举两个例子。

首先是语言上的礼仪，最要紧的是称呼和人称代词的使用。汉语从古到今都有比较复杂的称谓系统，下级对上级、晚辈对长辈尽量少用第二人称代词"你"（古代叫作"尔汝"）。从历史源流上讲，在春秋时期，人们相互间对谈之时还可以用"尔汝"，但到了战国以后，"尔汝"就有了蔑称的含义，成为只允许上对下、尊对卑使用的一种称谓。紧接着更进一步，莫说是下对上，就是平辈之间，也不允许用"尔汝"称呼对方，而一定要使用尊称。否则，就是对对方的蔑视，对对方的不尊重。罗竹风《汉语大词典》中对"尔汝"的解释是："古代尊长对卑幼者的称呼。引申为轻贱之称。"这一点在儒家的典籍中已经有所论及，《孟子·尽心下》："人能充无受尔汝之实，无所往而不为义也。"这句话的意思是，人若能把不愿受轻贱言行的心志加以扩充，那就无论到何处都合于义了。所以南宋的大儒朱熹"集注"说："盖'尔汝'，人所轻贱之称。"清代焦循的《孟子正义》中说："'尔汝'为尊于卑、上于下之通称。卑下者自安而受之，所谓实也……盖假借'尔汝'为轻贱，受尔汝之实，即受轻贱之实。"宋代大文豪苏东坡在《墨君堂记》中写道："凡人相与号呼者，贵之则曰公，贤之则曰君，自其下则尔、汝之。"意即，人与人之间打招呼时怎么称谓呢？比我地位高的，我称呼对方为"公"；比我更有才华的，我称呼对方为"君"；至于下级和晚辈则称呼"你"就行了。下级和员工在对上级说话时，可以多用第一人称代词"我"，尽量展示自己的信息和才华。反之，上级对下级、长辈对晚辈少用第一人称代词"我"，所以《论语》里面说"毋我"，"毋我"就是不要老在下级和员工面前说"我"呀"我"的，因为这样容易给人造成威压感和自我炫耀感，而且还会暴露许多个人资讯。在法家代表人物韩非子看来，暴露个人资讯和隐私，是领导者极不成熟的表现。而上级对下级和员工可以多用"你"，体现出对下级的关注、关心和关爱。

但是，什么事情都不尽然，一旦下级和员工跟上级领导的私人感情深了，也可以用"尔汝"了，"尔汝"也可以是彼此亲昵的称呼，表示不拘形迹，亲密无间。所以，是否改变"尔汝"的使用规则，是用来鉴别一个人与他上司关系是否密切的一个标志。例如，杜甫在《醉时歌》中说道："忘形到尔汝，痛饮真吾师。"又如，韩愈在《听颖师弹琴》中也曾吟曰："昵昵儿女语，恩怨相尔汝。"古人言关系到位，就叫作"尔汝交"。

此外，对重要的领导进行称呼时，尤其是当面称呼（且只有交谈双方）时，有时候不称姓更显亲切些，如不用称呼"张厅长""李处长"，而直接称呼"厅长""处长"。其实中国古人早就如此，如《论语》第一句话第一个字就是教大家怎么称呼，原文称"子曰"，而不是"孔子曰"，孔子的弟子称呼先生是不称呼姓氏的。颇有意思的是：这种避免直接称呼对方姓氏的做法，在西方礼俗和国际惯例中也是如此。伍心铭主编的《戴尔·卡耐基成功之道》中说："以职衔来称呼军政长官时，不必叫出对方的姓氏，这一点，需要进出军政机构的人不可不注意。此外，称主席、部长、县长等也一概如此，只有在你用'先生'二字来称呼他们时，姓氏才是必需的。"

其次是行为上的礼仪。比如，我们今天很多领导和机关干部在会见客人和恭喜对方时，都喜欢右手抱着左手放在胸前。其实，古代的礼仪规定：男士如果将左手抱住右手，是喜（如恭贺对方添丁生子，恭喜发财），如果将右手抱住左手，是悲（如安慰对方天灾人祸，节哀顺变）。这一点道家的老子早就强调得非常明确，他说道："兵是不吉利的东西，不是君子所使用的。万不得已而用之，也是以恬淡之心，适可而止，打胜了也不当成美事。以打胜仗为美事的人，就是以杀人为乐。以杀人为乐的人，是绝不可能得志于天下的。所谓兵，是不吉利的东西，万物都厌恶，得道的人不用它。君子平时以左方为贵，战时以右方为贵，因为左方表示吉祥，右方代表凶丧。偏将军在左边，上将军在右边，就是以凶丧来看待战事。杀人多了，就用哀痛的心情参加；打了胜仗，也像办丧事一样。"（《老子》第三十一章：夫兵者，不祥之器，物或恶之，故有道者不处。君子居则贵左，用兵则贵右。兵者不祥之器，非君子之器，不得已而用之，恬淡为上，胜而不美，而美之者，是乐杀人。夫乐杀人者，则不可得志于天下矣。吉事尚左，凶事尚右。偏将军居左，上将军居右。言以丧礼处之。杀人之众，以悲哀莅之，战胜以丧礼处之。）

关于语言行为上的礼仪，笔者再举两个例子。

第一个例子：《论语》里面记载了孔子在与父老乡亲、自己的上级、平级、下级打交道时，言语行为方面的风度礼貌和表达方式，很有意思，很值得我们今天的领导干部在与上级、平级和下级打交道时借鉴。孔子在父老乡亲面前，显得温和恭顺，就像不会说话的人。在祭祀的宗庙和上班的朝廷里，便口齿清晰，表达流畅，但还是很谨慎，话说得少。上朝见上级领导和同事时，当君主还没有来时，同下大夫说话，就轻松快乐；同上大夫说话，就正直而恭敬；国君来了，恭恭敬敬，好像心中不安，但是行步非常安详。国君要孔子去接待外国的来宾，孔子表情庄重，脚步迅速；与两旁的人作揖，左右拱手，衣服前后摆动，很整齐；快速向前时，好像鸟儿展开翅膀；贵宾走后，必定向国君汇报说："客人走远了。"进入朝廷大门时，走路小心而谨慎，如同无处容身。不在门中间站立，脚不踩门槛。从君主的座位前经过，表情庄严，脚步轻快，说话好像中气不足。提着衣服下摆上堂，像鞠躬一样恭敬，憋着气像没有呼吸一样。出来时，每下一个台阶，神态舒展，心情舒畅。下完台阶，步伐加快，如同鸟儿舒展翅膀。回到自己的位置，又显得恭敬谨慎。出使别国拿着圭时，恭敬谨慎，如同拿不起来。向上举好像作揖，放下来好像递给别人东西。脸色凝重，战战兢兢，脚步细碎，像沿着一条线走路。献礼时，和颜悦色。当以私人身份和外国君臣会见时，就显得轻松愉快。（《论语·乡党》：孔子于乡党，恂恂如也，似不能言者；其在宗庙朝廷，便便言，唯谨尔。朝，与下大夫言，侃侃如也；与上大夫言，訚訚如也。君在，踧踖如也，与与如也。君召使摈，色勃如也，足躩如也。揖所与立，左右手，衣前后襜如也。趋进，翼如也。宾退，必复命曰："宾不顾矣。"入公门，鞠躬如也，如不容。立不中门，行不履阈。过位，色勃如也，足躩如也，其言似不足者。摄齐升堂，鞠躬如也，屏气似不息者。出，降一等，逞颜色，怡怡如也。没阶，趋进，翼如也。复其位，踧踖如也。执圭，鞠躬如也，如不胜。上如揖，下如授。勃如战色，足蹜蹜如有循。享礼，有容色。私觌，愉愉如也。）

怎么样？孔子真是能干啊，一些领导就是在一些细节上没有做到位，吃了亏还不知道呢。

孔子把家庭里的礼节自然而然地用到日常生活的每一个角落。孔子见到穿丧服的人，即使与此人关系再亲密，也一定要严肃表示同情；见穿官服的人和盲人，即使再熟悉，也一定要有礼貌；在车上遇到穿孝服的人，一定身体前倾，伏在车前的横木上表示同情，遇见背负国家图籍的人也一样；在重大宴席上，一定表情严肃致谢；遇到打响雷、刮大风，一定表情肃穆表示对天的敬畏。（《论语·乡党》：见齐衰者，虽狎，必变。见冕者与瞽者，虽亵，必以貌。凶服者式之，式负版者。有盛馔，必变色而作。迅雷风烈，必变。）

第二个例子：孔子说一个人要在行政工作中顺风顺水，除了读懂对方的有声语言，还要读懂对方的身体语言（包括面部语、手势语和体态语，其中面部语尤其重要），要善于分析别人的言语，要观察别人的脸色行事，该说的时候才说。[子张问："士何如斯可谓之达矣？"子曰："何哉,尔所谓达者?"子张对曰:"在邦必闻,在家必闻。"子曰:"是闻也,非达也。夫达也者,质直而好义,察言而观色,虑以下人。在邦必达,在家必达。夫闻也者,色取仁而行违,居之不疑。在邦必闻,在家必闻。"(《论语·颜渊》)]所以有位卫国的官员与孔子谈及如何察言观色、见机行事时说过:"应该说话的时候才说话,别人不厌恶他的话;真正高兴了才发笑,别人不会厌恶他的笑;合乎道义的才索取,别人就不讨厌他的索取。"(《论语·宪问》:夫子时然后言,人不厌其言;乐然后笑,人不厌其笑;义然后取,人不厌其取。)

乐

什么是"乐"?就是音乐。这个字的繁体写作"樂"。

"乐"是五声八音之总名。"樂"这个文字的字形,就像丝弦绑在木上,上面还有调弦器呢,"樂"就是活脱脱的一把琴,后来引申指音乐,包括人唱的"音"和乐器弹奏的"音"两个方面。所以班固说音乐来自人的本性,能够沁入骨髓。(《汉书·礼乐志》:夫乐本情性,浃肌肤而臧骨髓,虽经乎千载,其遗风余烈尚犹不绝。)而汉语中"和谐"一词实际上也来自音乐。(《宋史·律历志》:古之圣人推律以制器,因器以宣声,和声以成音,比音而为乐。然则律吕之用,其乐之本欤!)在古人看来,"音乐"是高明的音乐家们用高超的调控技巧、指挥技巧,让不同的嗓音和乐器密切配合、和谐相处而奏出的美妙声音。(《礼记·乐记》:声相应,故生变,

清同治十三年孔宪兰刻本·《孔子圣迹图》之《学琴师襄》

变成方,谓之音。)

古人所说的音乐修养,比我们想象的要高得多,他们"吹拉弹唱"样样都行。孔子就是一个典型。历史记载孔子主要有三位老师,其中有两位都是音乐家,相传孔子曾问礼于老聃,学乐于苌弘,学琴于师襄(见韩愈《师说》)。师襄是春秋时期鲁国著名的乐官,孔子曾向他学习弹琴。《史记》里说孔子"以击磬为官,然能于琴"(见《史记·孔子世家》)。儒家有一部典籍叫《乐经》,据说是孔子专门修订的。文献记载孔夫子的歌唱得好,琴弹得更好,他的音乐修养达到了专家级的水平。《论语》记载孔子说:"我从卫国返回鲁国,才把音乐整理好,《雅》《颂》都安排妥当。"(见《论语·子罕》)《论语》还记载孔子在齐国听《韶》乐,三月不知肉味。他说："没想到好音乐这样迷人。"（见《论语·述而》）孔子的歌当然唱得也很好，他同别人一道唱歌，如果对方唱得好，一定请对方再唱一遍，然后和对方一起唱。（《论语·述而》：子与人歌而善，必使反之，而后和之。）孔子的音乐理论素养同样是超一流的，他可以给当时的鲁国乐师上音乐演奏课，他是这样阐释音乐精妙之处的："开始演奏时，翕翕地很热烈；继续下去，纯纯地和谐，皦皦地清晰，绎绎地不绝，这样演奏，最终完成。"（见《论语·八佾》）

古代还有一个音乐典故即"高山流水"，传说琴师伯牙有一次在山野里弹琴，砍柴人钟子期竟然能领会他所弹奏的曲子哪一部分是"巍巍乎志在高山"，哪一部分是"洋洋乎志在流水"。伯牙吃惊得不得了，说道："善哉，子之心而与吾心同。"钟子期死后，伯牙痛失知音，于是他摔琴绝弦，终身不操（见《列子·汤问》）。从此，人们以"高山流水"比喻知己或知音，也比喻乐曲高妙。后来，《高山流水》成为中国十大古曲之一。自唐代以后，《高山》与《流水》分为两首独立的琴曲。其中《流水》一曲，在近代得到更多的发展，管平湖先生演奏的《流水》被录入美国太空探测器的金唱片，于1977年8月22日发射到太空，向茫茫宇宙寻找"知音"。这说明音乐的沟通能力何其巨大，也说明古人的弹奏技巧何其高妙。

《反弹琵琶图》，此图见于莫高窟 112 窟的《伎乐图》

古人所说的音乐素养，还有一点是我们难以达到的，那就是他们把音乐、舞蹈、诗歌三者连在一起，形成"三件套"。古人闻歌起舞，而且听到音乐就会作诗，古诗都是配乐的。音乐配上舞蹈，就是"乐容""乐舞"；音乐配上诗歌，就是"乐章"，所以《周礼·地官司徒·大司徒》中郑玄注："乐，六乐之歌舞。"唐代学者贾公彦解释道："言歌舞者，以其作乐时有升歌下舞。"那时候舞蹈也是非常复杂的。(《礼记·乐记》：比音而乐之，及干戚羽旄，谓之乐。）根据汉代学问家郑玄的注释：古代的舞有"文舞"和"武舞"，还要拿上诸如刀斧盾牌和五彩缤纷的羽毛一类的表演道具，而国学里人们所学的课程也总是有"乐"有"舞"的，所以中国古人的音乐素养是很高的。

为什么中国古人那么重视"乐"呢？原来，中国古人认为："礼"让人自我约束，认识到人与人是不同的，是不可以冒犯的，是有界限的；而"乐"让人自我放松，认识到人与人又是相同的，是可以沟通的。所以，如果说"礼"让您"怕"对方，"乐"就是让您"爱"对方。（《孝经·圣治章》：故亲生之膝下，以养父母日严，圣人因严以教敬，因亲以教爱。）

古代帝王常以兴礼乐为手段，以求达到尊卑有序、远近和谐的统治目的。《礼记·乐记》里面说："音乐使大家相同，产生共鸣；礼则是辨别不同。认识到了相同，大家就会相亲；认识到了不同，大家就会相敬。"因此，"礼"用来管理国家，安定社稷，造福人民；"乐"可以移风易俗，让人变得心平气和，和平友善，成为一个脱离低级趣味的人。所以，古代又有"礼乐"文化一说，而社会的崩溃往往体现在"礼崩乐坏"这四个字上。在汉语中，"和谐"这个词本来是指"音乐"而言，指不同的音韵，共同弹奏出和谐的声音来。

中国古人如此看重"音乐"，其中原因，除笔者以上所讲外，还有两点。

一是音乐使人快乐。《论语》中记载孔子的原话是："以吟诵诗篇抒发热情，以坚守礼仪建功立业，以聆听音乐娱悦身心。"[子曰："兴于诗、立于礼、成于乐。"（《论语·泰伯》）]所以直到今天，"乐"还有两个读音：一个是"音乐"之"乐"，读为 yuè；一是"快乐"之"乐"，读为 lè。

二是音乐有六种品德，也就是"乐德"，即中、和、祗、庸、孝、友六种品德。翻译成今天的话就是：音乐让人变得忠诚，变得刚柔相兼，变得尊敬对方，变得尊重常理，变得孝敬父母，变得善待兄弟。（《周礼·春官·大司乐》：以乐德教国子，中、和、祗、庸、孝、友；郑玄注：中，犹忠也；和，刚柔适也；祗，敬；庸，有常也；善父母曰孝；善兄弟曰友。）看来，音乐真是一个"心理按摩师"。说到底，音乐具有教育功能，我们既可以说"寓教于乐"（lè），也可以说"寓教于乐"（yuè）。

所以《论语·阳货》里面记载了一个生动的故事：孔子的弟子子游做了武城长官。一次，孔子去看望自己的学生，他听到武城到处是弹琴瑟唱诗歌的声音，微笑着说："杀鸡焉用牛刀，治理这个小地方用得着教育么？"子游回答道："以前我听老师您说过：做官的学习了，就会有仁爱之心；普通百姓学习了，就容易听指挥：教育总是有用的。"孔子便向学生们说道："你们几个听到了吧？他的话是正确的，我刚才那句话不过是开玩笑罢了。"（《论语·阳货》：子之武城，闻弦歌之声。夫子莞尔而笑，曰："割鸡焉用牛刀？"子游对曰："昔者偃也闻诸夫子曰：'君子学道则爱人，小人学道则易使也。'"子曰："二三子！偃之言是也。前言戏之耳。")

所以，古人认为音乐的好处有四：

增进沟通——因为音乐没有国界；

循循善诱——因为音乐寓教于乐；

修身养性——因为音乐陶冶情性；

有助管理——因为音乐讲求和谐。

从以上的讲解中，您是否能得到一些启发呢？今后，您可否赶快练练嗓子，甚至学一门乐器，领悟一下怎样让不同琴弦配合得天衣无缝，让不同的声音珠联璧合，让手指的弹奏技巧和大脑中枢的协调天赋充分发挥，并使这种能力对工作和管理有所促进呢？

今后，您能否听一曲动听的音乐，让自己疲惫的身心来一次彻底的"按摩"，让奔波躁动的心灵进入港湾好好地休整一下呢？

今后，企业界的领导们是否能为员工多举办些文娱活动，把企业文化的元素悄然注入这些优美的音符里呢？

射

"射"就是射箭。在古代，射箭是典型的男人运动，古人要通过"射箭"表演，来看看表演者的本事和德行如何。(《礼记·射义》：是故古者天子，以射选诸侯、卿、大夫、士。射者，男子之事也。唐代孔颖达疏："天子以射礼简选诸侯以下德行能否。"）

古代重武习射，常举行射礼。射礼有大射、宾射、燕射、乡射四种。将祭择士为大射，诸侯来朝或诸侯相朝而射为宾射，宴饮之射为燕射，卿大夫举士后所行之射为乡射。

中国古代的"射艺"包含两个主要运动：射箭和弹弓，春秋时期还发明了弩。其中，射箭由于在军事和狩猎活动中具有非常重要的作用，因此在历史上更受人们的重视。考古工作者在山西峙峪文化遗址，曾经发现了一件距今两万八千年的石箭头，这表明那时候人类已经开始使用弓箭了。唐代武则天设立了武举制度，在武举制度里，规定了九项选拔和考核人才的标准，其中五项是射箭，包括长垛、马射、步射、平射，还有筒射。如今的"射艺"，其实应该综合古今，既应包含现代的手枪、步枪等实弹射击运动，也应包括古代的射箭、弹弓和射弩。清代有一位大官员、大学问家阮元，他的父亲希望他文武兼备，教他的内容有二：一是熟读《资治通鉴》，说那是"成败治乱，战阵谋略"；二是骑马和射箭，说那是"儒者事，亦吾家事也"。阮元的母亲也说射箭对阮元的成长太重要了。

中国古人的射箭技术非常高超。俗话说"百步穿杨"，说的就是此类事。其实还有一种表达法是"百步穿柳"，说的是"射柳"，讲的是春秋时候养由基精于射箭的故事。（《史记·周本纪》这样记载：楚有养由基

古人比赛射箭的场景

者，善射者也。去柳叶百步而射之，百发而百中之。左右观者数千人，皆曰善射。）这个方法在其他民族中也很盛行，辽金时成为一种竞技活动。在场上插柳，驰马射之，中者为胜。有学者认为这是源于古鲜卑族秋祭时驰马绕柳枝三周的仪式。如果这是真的，说明在很早的时候，射箭就是一项重要的活动了。

与此类似的还有"百步射莎"，说的是北周豆卢宁百步射莎草的故事（见《北史·豆卢宁传》）。甚至还有"射虱"，谓射艺之精，虽微细如虱子，亦能射中。《列子·汤问》里面记载："有一个学习射箭的人，名叫纪昌，把一只虱子悬挂在窗户上，每天目不转睛地看着它。十天之后，虱子在纪昌的眼中看起来个头已经非常大了；三年之后，就如车轮一般大。纪昌看其他的家什，无论个头多小，都像一座高山那样大。到了这种地步，纪昌才用箭射悬挂在窗户上的虱子，一箭就射中了虱子的心脏，而悬挂的细绳却没有断。"

我常常在想，中国古代培养官员的"国学"里为什么要开设射箭课？难道只是为了强身健体吗？

直到 2008 年北京奥运会和 2012 年伦敦奥运会期间，我看射箭和射击比赛，才恍然大悟："射箭"可以培养一个人的定力、耐力、持久力和理性观察力。而这些，正是一个领导者行政管理所必备的素质。

为什么这样讲呢？您想想，要百步穿杨，您就得耐心持久，得有一个稳定的素质，就应该像一个狙击手一样等待机会、抓住机会，然后果断命中。

事实确实如此，先后打破八项射箭世界纪录的射箭冠军李淑兰深有感触地说过："射箭让人变得更加沉稳。"射箭让人心正、身直，能培养一个人稳健端庄的气质和明辨是非的能力，而这些都是一个领导者必备的素养。一个人只有在沉静的心境中才能理性地思考问题、判断问题、解决问题。

射箭时有三种情况：两方静止、一方静止一方移动、两方移动。这就要求一个人有静如处子、动如脱兔的定力和敏锐性。

射箭可以培养一个人（特别是男子汉）气宇轩昂的气质，因为弯腰驼背肯定射不好箭，必须挺直腰杆。

"定力"是非常重要的。无独有偶，美国西点军校中很多人认为，领导者稳定的心态至关重要，是充分发挥领导力的保障。所以，美国西点军校也要练习射箭，曾经获得美国射击全国冠军的西点军校教官反复强调，射箭并不只是练技术，而且是练人的心理素质和情绪的稳定性。

其实，这一点在中国的《孙子兵法》中已有体现。孙子反复强调军事领导人的沉稳心境对于指挥战事的绝对重要性，孙子说："没有好处不要出兵，没有取胜的把握不能用兵，不到危急时刻不要开战。作为最高领导者的国君，千万不要因一时愤怒而发动战争；作为前线领导者的将帅，不可因一时的愤怒而出阵求战。符合国家利益才用兵，不符合国家利益就要坚决停止。愤怒是可以重新变为欢喜的，气愤也是可以重新转为高兴的，但是国家灭亡了就不能复存，人死了也不能再生。所以，对待战争，明智的国君应该慎重，贤良的将帅应该沉稳，这是安定国家和保全军队的基本道理。"（《孙子兵法·火攻》：非利不动，非得不用，非危不战。主不可以怒而兴师，将不可以愠而致战；合于利而动，不合于利而止。怒可以复喜，愠可以复悦；亡国不可以复存，死者不可以复生。故明君慎之，良将警之，此安国全军之道也。）孙子还认为指挥军事行动，要做到考虑谋略沉着冷静而幽深莫测，管理部队公正严明而有条不紊。（《孙子兵法·九地》：将军之事，静以幽，正以治。）

清同治十三年孔宪兰刻本·《孔子圣迹图》之《观乡人射》

　　射箭还可以成为一项纯粹的表演，通过这种表演，体现出一种礼让。在乡射礼中，每两人组成一队，两队进行比赛，比赛前与比赛后，选手们都要向对方行礼，这是一项典型的团队比赛而非个人比赛，比赛双方坚持友谊第一、比赛第二的原则，失败的一方不怨天尤人，不把责任归结在裁判、对手、场地或者器械身上，而是在自己身上好好找原因；同样，胜利的一方行事也很低调，绝对没有欣喜若狂的现象。所以孔子认为射礼不是培养大家互争斗狠，更不是以射中目标为唯一目的，这项运动更多的是要培养人们礼让和恭敬的素质。孔子曾经说过这样一段话："君子没有什么可争斗的事情，如果有所争，一定是比射箭吧。

但是当射箭的时候,选手相互作揖,然后登堂,射箭完毕,走下堂来,然后作揖喝酒,这种竞赛是很有礼貌的。"[子曰:"君子无所争,必也射乎!揖让而升,下而饮。其争也君子。"(《论语·八佾》)]

在射礼中,甚至还配有音乐,要求选手在比赛时将射箭动作与音乐合拍,这实际上是将人的心理、生理、人文、道德、管理素质融会贯通进行培养。

御

"御"就是驾驶车马,这个字又写作"驭"。(《集韵·御韵》:《说文》:使马也。徐锴曰:"卸解车马也。或彳,或卸,皆御者之职。古作驭。")古代培养官员时为什么要开设这门课呢?笔者认为一是增强体质,二是培养自己的驾驭能力和控制力。韩非子就把行政管理看成是"御"。(《韩非子·外储说右下》:故国者,君之车也;势者,君之马也。无术以御之,身虽劳,犹不免乱;有术以御之,身处佚乐之地,又致帝王之功也。《韩非子·难势》:今以国位为车,以势为马,以号令为辔,以刑罚为鞭策,使尧、舜御之则天下治,桀、纣御之则天下乱,则贤不肖相去远矣。)宋代经学家邢昺也是这么看的。他认为驾驭马车时要端正身子,统一缰绳,使马的力量均衡,从而按照人指引的方向前进。而驾驭天地与人事也是同样的道理。(邢昺在给唐玄宗《孝经序》作注时说:"是故善御者正身同辔,均马力,齐马心,唯其所引而之,以取长道远行,可以之急疾,可以御天地与人事,此四者圣人之所乘也。"）从"驾驭"两个字的字形来看，都与"马"有关，驾驭之术不仅是斗勇，更是斗智，它能够训练一个人的控制力。所以，"御"很能够培养一个人的领导潜质，因为要驾车，就要了解哪些是千里马，哪些是一般的马，哪些是有个性的马，哪些是驽马。在一个团队中，领导同样要了解属下的能力和性格，要懂得怎样跟他们沟通协调、怎样任用他们才行。

正因为"御"既可以指驾驭马，也可以指控制人，所以古代的诸侯王或皇帝进行管理时，往往离不开一个"御"字，如皇帝所书叫作"御笔"，皇帝所乘叫作"御驾"，皇帝所制叫作"御制"，皇帝批示叫作"御批"，皇帝所读叫作"御览"。

孔子非常重视"御"，他的驾驭技巧也是一流的。《论语》里记载人们赞美孔子说："孔子真伟大！博学多才，样样都是专家。"孔子听后，对学生说："我的专长是什么？是驾车？是射箭？大概是驾车吧。"［达巷党人曰："大哉孔子！博学而无所成名。"子闻之，谓门弟子曰："吾何执？执御乎？执射乎？吾执御矣。"（《论语·子罕》）］还有一点需要指出的是，由于"御"的时候，也就是驾驶车马的时候，马是活的动物，而且是动物界中很聪明的一种，这就要求人在驾驭的时候，必须先与马进行沟通，因为马是通人性的，是有性格的，也是知恩图报的，你对它如何，它就对你如何。要想它不受惊，要想它不消极怠工，要想它载着你飞奔，而且忠实地执行你的指令，你就要对它好，对它周

清·佚名·《春郊游骑图》

到体贴。所以,古代的"国学"通过驾车这门功课,启发未来的执政者一定要与自己的下级密切交流和沟通,将心比心,上下同心,才能实现有效的管理。因此,韩非子说,行政管理就如同驾驭马一样,如果方法得当,你就非常轻松,如果方法不当,或者根本没有方法,那你会非常劳累,这中间最重要的就是人和马在行动上要保持高度的协调一致。

韩非子还讲了一个故事：当年赵襄子向当时最有名的驾车人王良学习驾驶马车。不久，他和王良进行比赛，两人换了三次马，但赵襄子三次都输了。赵襄子埋怨王良说："你教我驾车，方法究竟是什么啊？"王良说："其实驾车的方法我早就全部教给您了，驾车最重要的就是，让马的身体稳定于车子，人的注意力和马的动作要协调一致。这样才可以跑得快，跑得远。您的方法不对啊，您落在后面时就想赶上我，跑在前面时，又怕被我赶上。不管在前在后，您的注意力都在我身上，而不在您的马身上，您没有和马步调一致，没有和马协调行动，当然追不上我了。"［赵襄主学御于王子于期，俄而与于期逐，三易马而三后。襄主曰："子之教我御，术未尽也？"对曰："术已尽，用之则过也。凡御之所贵：马体安于车，人心调于马，而后可以进速致远。今君后则欲逮臣，先则恐逮于臣。夫诱道争远，非先则后也，而先后心皆在于臣，上何以调于马？此君之所以后也。"（《韩非子·喻老》）］

受韩非子所讲故事的启发，我认为，在行政管理中，每位领导都应该亲近自己的员工。唯有这样，他们才会高兴并努力地工作。这里我想到司马迁记载的一个故事：魏国统帅吴起为生毒疮的士兵吸去脓血，士兵的妈妈听说后大哭不已，旁人问其原因，老太太说："吴起这样做，我的孩子就会感激不尽，在战场上就会一个劲儿地往前冲，而不顾惜自己的生命，当年孩子他爸就是这样死的。"（见《史记·孙子吴起列传》）这一点韩非子算是看得最清楚了，他直言不讳地说吴起为士兵吸吮毒疮的真实用意，是希望士兵为他拼命作战（见《韩非子·外储说左上》）。由此可见，体贴员工，与员工沟通，对于赢得他们的心有多么重要。

书

"书"在古代有两个意思：一个是"文字"（也包括书法），一个是"文书"。

所以，对古代官员素质的培养，一个是要认字，另一个就是要写字。写字又包括两个方面，一个是会写应用性文书，另一个是具备书法技巧。中国的书法不仅是一种高雅技艺，更是一个修心养性的工具。如今，很多官员寄情于书法，不但锻炼了技艺，而且愉悦了心性。（西方学者对"书"有过这样的论述，它是一种书写的艺术，社会精英非常喜欢，可以有草书、楷书、篆书等，可以体现书者的性格、感情，柔软的毛笔的移动，反映了书者的力度、平衡，无论是精神上还是心理上，抑或当时的情绪，都得以淋漓尽致地体现出来。）

古人认为：认字写字，体现了一个干部或后备干部的行政素质和执政能力。古人对大字不识或认字不多的官员、将领往往持否定态度，认为那样的人是大老粗，上不得台面。《史记·项羽本纪》记载，项羽小时候学习写字，始终学不成，叔叔责备他，他自己还强词夺理，说认字只要能写自己的姓名就行了。叫他去读兵书，他也好不到哪里去。

单凭这一点，就注定项羽只能当霸王，而不能当帝王。中国古代还有一个人名叫侯思止，是武则天时期的一个大老粗，斗大的字不识一个，他向武则天要官做，而且还要当法官。武则天说："你不识字，怎么当法官啊？"侯思止却说，陛下看看法院前的石兽，它认识字吗，只要我能够为陛下抓人杀人，还认字干什么啊。最后，侯思止滥杀无辜，成为武则天的一大败政（见《太平广记》）。这样的人，最终是成不了事的。

因此，"书"是古代"国学"的一门必修课。例如，汉、唐两个时代对领导者认字和写字均有要求。

汉代朝廷规定：十七岁的少年郎，要能听、说、读、写数千个汉字才能当"吏"（相当于今天行政机关的公务员或基层干部）。这还不算，朝廷还把这数千个汉字编成类似后来《千字文》那样的识字课本，要求大家背诵。

这已经有些难度了吧？更难的还在后头。那时候还要考九种文字：大篆（一种古文字形体，以便认识古代文献）、小篆（一种正式场合应用的文字）、刻符（刻在符节上的文字）、虫书（题表官号以为符信的旗帜）、摹印（公章上面的文字）、署书（署名文字）、殳书（兵器上的题识文字）、隶书（日常文字）、草书，全部掌握才能够提拔。如果听说读写中有错别字，还要受到处罚。

到了唐代，提拔官员的考试科目有四：一是看长相，要体貌丰伟；

唐代·柳公权·《大唐回元观钟楼铭》拓本（局部）

二是看说话，要能言善辩；三是看书法，要写得一手好字（特别是楷书）；四是看写行政文书，要文理优长。(《新唐书·选举志下》：凡择人之法有四：一曰身，体貌丰伟；二曰言，言辞辩正；三曰书，楷法遒美；四曰判，文理优长。)

原来，自古以来的行政都是文书行政，所以古代对于官员认字写字、起草行政公文的能力要求特别高。可是，我们今天的有些领导者不明白这个道理，他们很少自己写报告、改报告、看报告，甚至都不自己签发、签收报告，这样，早晚要出问题的。孔子早就要求从政者亲自动手写行政公文，这样才能准确把脉。《论语》里记载，孔子讲过，一个领导机关起草命令时，要经过四个领导的手，首先是"起草"，其次是"讨论"，再次是"修饰"，最后是"润色"。（《论语·宪问》：子曰："为命，裨谌草创之，世叔讨论之，行人子羽修饰之，东里子产润色之。"）

还应指出，文字功夫与语言功夫是不分家的，这里的"书"还应该包括语言能力。唐代铨选官员的程序"身言书判"，其中的"言"就是口才。行政管理更多是"听说读写"的学问，这里的"听说"，就是听汇报和做指示，级别越高，对"说"的能力要求越高，当然这并非降低"做"的重要性。关于"做"和"说"的同等重要性，荀子早就说过："又能说又能做，是'国宝'；不能说但能做，是'国器'；口能说但不能做，是'国用'；口能说，身行恶，是'国妖'。领导一个国家，要敬重'国宝'，爱护'国器'，用好'国用'，清除'国妖'。"（《荀子·大略》：口能言之，身能行之，国宝也。口不能言，身能行之，国器也。口能言之，身不能行，国用也。口言善，身行恶，国妖也。治国者敬其宝，爱其器，任其用，除其妖。）

数

"数"就是算术、数学。中国古人为什么如此看重"数"呢？原来，在古代，一个人必须具备"数"的能力才能从政。"数"的功能有二：一个是培养人的逻辑思维能力，另一个是培养人的财物管理能力。一个领导者必须具备上述两种能力，才算合格。

"数"是表示事物的量的基本数学概念。中国古代数学体系的形成以汉代《九章算术》的出现为重要标志。中国古代数学家把数学的起源归于《周易》及"八卦"，又将"数"引申为"策略、权术"，引申为"历数"，引申为"方术"（如占卜之类），还引申为"天命、命运""制度、法制"。有些"数"，甚至还具有哲学意义，比如《老子》中言"一生二，二生三，三生万物"，又如，在汉语中"三"与"三"的倍数表示"多"，再如，"五"可以产生出"五官""五音"等词语。可见"数"往往代表对自然和社会规律的描述，充分体现了人类的逻辑思维和理性思维能力，这在汉代董仲舒的《春秋繁露》一书中说得很多，古人认为这是官员必须学习的。

所以，孙子专门强调："兵法：一是度，即估算土地的面积；二是量，即推算物资资源的容量；三是数，即统计兵源的数量；四是称，即比较双方的军事综合实力；五是胜，即得出胜负的判断。土地面积的大小决定物力、人力资源的容量，资源的容量决定可投入部队的数目，部队的数目决定双方兵力的强弱，双方兵力的强弱得出胜负的概率。"[兵法：一曰度，二曰量，三曰数，四曰称，五曰胜。地生度，度生量，量生数，数生称，称生胜。(《孙子兵法·军形》)] 这一切，都要求一个领导者必须有出色的数学能力。

"数"既具有概括性，又好记，所以在领导工作中，通过"数"来概括新的理念和工作思路，会显得提纲挈领，而且便于表达和记忆，如"一个中心，两个基本点""四项基本原则""八项规定"等。现在每个单位的年终总结、年初规划、新任领导的工作思路，都具有数字化的特点，这也是中国行政语言的一大特色。

写到这里，笔者提一个问题：古代县官的主要职责是什么？

大家一定会说是"审案子"。

不对。古代的各级官吏，从乡官到县官甚至州官，最主要的职责是收税，这才是他们的第一要务。比如唐代的里正，是乡的下一级编制"里"的负责人，是唐代最基层的乡官，掌管调查户口（包括造籍账）、劝农、治安、征税，以及均田授受等事。唐代史学家杜佑说那时候"以百户为里，五里为乡，四家为邻，五家为保。每里置正一人，掌按比户口，课植农桑，检察非违，催驱赋役"（见《通典》卷三《食货三》）。唐代最重要的法律文献《唐律疏议》卷六《名例》中甚至说"里正"没有完成本年度的税收任务就要吃官司、挨板子。所以，古人认为，"政"的主要一部分就是征税。古人所言"苛政猛于虎"，这里的"政"主要指"征税"。

正是因为征税是第一要务,所以必须识"数"。于是,在培养官员的"国学"里,"数"成为必修课,就是很自然的事情了。

所以,我们今天很多领导干部都要学习经济学,都要懂得财政与金融知识,这是古往今来官员和领导者必备的素质。无论是军事管理、行政管理还是企业管理,都涉及人、财、物,这些都必须与数字打交道。因此,现代意义上的管理往往就是数字化管理。

举个例子,日本深受中国传统文化的影响,日本人也会从中国的传统文化中吸取精华。日本企业家和管理学大师稻盛和夫就是一个中国通,更是中国传统文化虔诚的学习者和效法者。稻盛和夫非常强调管理者要掌握"数"。他说:"由于我本是技术人员出身,因此刚开始时对财务也是一无所知。然而在经营企业的过程当中,我立刻就意识到,经营者如果不懂财务,也就不足以管理企业。企业会计可以分为财务会计和管理会计,财务会计主要担负的任务是计算企业的经营结果,然而企业的经营者仅靠财务会计无助于进行企业的经营管理活动,因此我自己创造了一套可以应用于实际经营管理活动的管理会计办法,这就是阿米巴经营管理。"所谓"阿米巴经营管理",就是把业务部门进行分割,通过各自独立的财务核算管理,一目了然地发现哪些业务能够盈利,哪些业务处于亏损状态,并立即制定相应的对策。

第二讲　国学现在是什么

一　国学的崭新意义

到了二十世纪,"国学"有了一个崭新的意义:中国传统文化和学术。

大家不禁要问,这时候的国学,究竟包括哪些内容呢?

在中国二十世纪的学坛和政坛上,有一位风云人物,名字叫作胡适。胡适学贯中西,是一位国学大师,据说当时有一批即将留学美国的清华学生,在出国前夜去请教胡适,胡适却叮嘱大家一定要读点国学书。胡适开了一个国学书目,他说:"这个书目是我答应清华学校胡君敦元等四个人拟的。他们都是将要前往外国留学的少年,很想在短时期中得到国学的常识。所以我拟这个书目的时候,并不为国学有根柢的人设想，只为普通青年人想得一点系统的国学知识的人设想。"他把国学书目分为三个方面：工具之部、思想史之部、文学史之部。胡适开的国学书单今天看来很烦琐，主要书目有以下这些。

先说第一部分"工具之部"，主要有：《书目举要》《书目答问》《四库全书总目提要》《汇刻书目》《续汇刻书目》《史姓韵编》《中国人名大辞典》《历代名人年谱》《世界大事年表》《历代地理韵编》《清代舆地韵编》《历代纪元编》《经籍籑诂》《经传释词》《佛学大辞典》；

再说第二部分"思想史之部"，主要有：《中国哲学史大纲（上卷）》《老子》《庄子》《管子》《列子》《墨子》《苗子》《尸子》《孙子》《孔子集语》《晏子春秋》《吕氏春秋》《贾谊新书》《春秋繁露》《扬子法言》《黄帝内经》《竹书纪年》《商君书》《韩非子》《淮南子》《山海经》《四书》(《论语》《大学》《中庸》《孟子》)《墨子间诂》《庄子集释》《荀子集注》《淮南鸿烈集解》《春秋繁露义证》《周礼》《论衡》《抱朴子》《四十二章经》《佛遗教经》《异部宗轮论述记》《大方广佛华严经》《妙法莲华经》《般若纲要》《般若波罗蜜多心经》《金刚般若波罗蜜经》《阿弥陀经》《大方广圆觉了义经》《十二门论》《中论》《三论玄义》《大乘起信论》《大乘起信论考证》《小止观》《相宗八要直解》《因明入正理论疏》《大慈恩寺三藏法师传》《华严原人论》《坛经》《古尊宿语录》《宏明集》《韩昌黎集》《李文公集》《柳河东集》《宋元学案》《明儒学案》《直讲李先生集》《王临川集》《二程全书》《朱子全书》《朱子年谱》《陆象山全集》《陈龙川全集》《叶水心全集》《王文成公全书》《困知记》《王心斋先生全集》《罗文恭公全集》《胡子衡齐》《高子遗书》《学蔀通辨》《正谊堂全书》《清代学术概论》《日知录》《明夷待访录》《张子正蒙注》《思问录内外篇》《俟解》《噩梦》《颜李遗书》《费氏遗书》《孟子字义疏证》《章氏遗书》《章实斋年谱》《崔东壁遗书》《汉学商兑》《汉学师承记》《新学伪经考》《史记探原》《章氏丛书》；

最后第三部分"文学史之部"，主要有：《诗经集传》《诗经通论》《诗本谊》《诗经原始》《诗毛氏传疏》《檀弓》《春秋左氏传》《战国策》《楚辞集注》《全上古三代秦汉三国六朝文》《全汉三国晋南北朝诗》《古文苑》《续古文苑》《文选》《文心雕龙》《乐府诗集》《唐文粹》《唐文粹补遗》《全唐诗》《宋文鉴》《南宋文范》《南宋文录》《宋诗钞》《宋诗钞补》《宋六十家词》《四印斋王氏所刻宋元人词》《疆村所刻词》《太平乐府》《阳春白雪》《董解元弦索西厢》《元曲选一百种》《金文最》《元文类》《宋元戏曲史》《京本通俗小说》《宣和

明·文徵明·《古木高士图》

遗事》《五代史平话》《明文在》《列朝诗集》《明诗综》《六十种曲》《盛明杂剧》《暖红室汇刻传奇》《笠翁十二种曲》《九种曲》《桃花扇》《长生殿》《曲苑》《缀白裘》《曲录》《湖海文传》《湖海诗传》《鲒埼亭集》《惜抱轩文集》《大云山房文稿》《文史通义》《龚定庵全集》《曾文正公文集》《吴梅村诗》《瓯北诗钞》《两当轩诗钞》《巢经巢诗钞》《秋蟪吟馆诗钞》

《人境庐诗钞》《水浒传》《西游记》《三国志》《儒林外史》《红楼梦》《水浒后传》《镜花缘》《三侠五义》《儿女英雄传》《九命奇冤》《恨海》《老残游记》《五十年来的中国文学》。

笔者并不是要大家去读这些书,至少不用全读,因为好多书太专业,甚至太冷僻,如果您读完,怕是要把头发全读白了。即使今天从事国学研究的专家学者都不一定能读完这些书。笔者介绍胡适的这个书单,主要是希望大家知道老一辈国学大师心目中的国学,究竟包括哪些内容,比如,在他们心目中,佛学典籍也是国学的重要组成部分。

另一位国学大师梁启超将国学分为修养应用及思想史关系书类、政治史及其他文献学书类、韵文书类、小学书及文法书类、随意涉览书类。

"修养应用及思想史关系书类"主要有:《论语》《孟子》《易经》《丰》《老子》《墨子》《庄子》《荀子》《韩非子》《管子》《吕氏春秋》《淮南子》《春秋繁露》《盐铁论》《论衡》《抱朴子》《列子》《近思录》《朱子年谱》《传习录》《明儒学案》《宋元学案》《日录》《明夷待访录》《思问录》《颜氏学记》《东原集》《雕菰楼集》《文史通义》《大同书》《国故论衡》《东西文化及其哲学》《中国哲学史大纲(上卷)》

《先秦政治思想史》《清代学术概论》；

"政治史及其他文献学书类"主要有：《尚书》《逸周书》《竹书纪年》《国语》《左氏春秋》《战国策》《周礼》《考信录》《资治通鉴》《续资治通鉴》《文献通考》《通志二十略》《二十四史》《二十二史札记》《圣武记》《国朝先正事略》《读史方舆纪要》《史通》《中国历史研究法》；

"韵文书类"主要有：《诗经》《楚辞》《文选》《乐府诗集》《李太白集》《杜工部集》《王右丞集》《孟襄阳集》《韦苏州集》《高常侍集》《韩昌黎集》《柳河东集》《白香山集》《李义山集》《王临川集》《苏东坡集》《元遗山集》《陆放翁集》《唐百家诗选》《宋诗钞》《清真词》《醉翁琴趣》《东坡乐府》《屯田集》《淮海词》《樵歌》《稼轩词》《后村词》《白石道人歌曲》《碧山词》《梦窗词》《西厢记》《琵琶记》《牡丹亭》《桃花扇》《长生殿》；

"小学书及文法书类"主要有：《说文解字注》《说文通训定声》《说文释例》《经传释词》《古书疑义举例》《文通》《经籍籑诂》；

"随意涉览书类"主要有：《四库全书总目提要》《世说新语》《水经注》《文心雕龙》《大慈恩三藏法师传》《徐霞客游记》《梦溪笔谈》《困学纪闻》《通艺录》《癸巳存稿》《东塾读

北宋·李公麟·《四学士图卷》绢本

书记》《庸盦笔记》《张太岳集》《王心斋先生全书》《朱舜水遗集》《李恕谷文集》《鲒埼亭集》《潜研堂集》《述学》《洪北江集》《定盦文集》《曾文正公全集》《胡文宗公集》《苕溪渔隐丛话》《词苑丛谈》《语石》《书林清话》《广艺舟双楫》《剧说》《宋元戏曲史》。

以上两家的国学书单是不是有点烦？梁启超已经感觉到了，所以他又开了个压缩版的"最低限度之必读书目"，内容是：《大学》《中庸》《论语》《孟子》《易经》《书经》《诗经》《礼记》《左传》《老子》《墨子》《庄子》《荀子》《韩非子》《战国策》《史记》《汉书》《后汉书》《三国志》《资治通鉴》《宋元明史纪事本末》《楚辞》《文选》《李太白集》《杜工部集》《韩昌黎集》《柳河东集》《白香山集》。这个书目不能再压缩了，梁启超专门叮嘱："以上各书，无论学矿、学工程学……皆须一读。若并此未读，真不能认为中国学人矣。"

季羡林、冯其庸等学者倡导"大国学"的概念，主张中国境内五十六个民族的传统文化和学术都是国学的范围。

以上各家，从不同的角度看待国学，均有理据。不管是"大国学"还是比较狭义背景下的国学，都说明：国学所传承的中华文化价值，是涵养民族主体意识之根基，是维系民族精神命脉之源泉。而民族精神是一个民族赖以生存和发展的精神支撑。民族精神的传承，主要是通过自己固有的精神文化来体现的，国学就是这种精神文化的重要载体，是我们中华民族的遗传密码和文化心电图。

就传统汉文化而言，其躯干是"经、史、子、集"，儒家是其头部，"四书五经"是其神经中枢，"四书"即《大学》《中庸》《论语》《孟子》，"五经"即《诗》《书》《易》《礼》《春秋》。

怎样系统地认识和研究国学？笔者认为可以从"伦理国学""管理国学""文化国学"三个角度去审视它。

"伦理国学"回答怎么做人、怎么自我修炼的问题。

"管理国学"回答怎么管人和怎么被人管的问题。国学思考和回答的最重要问题是"人",包括做人和管人两个方面,人一辈子都处在三种关系中:下级、平级、上级(在家里,子女是下级,夫妻是平级,父母是上级;在学校,学生是下级,同学是平级,老师是上级;在社会,员工是下级,同事是平级,领导是上级),所以,学习国学就是学习怎样处理好这三方面的关系。

"文化国学",也可以叫作"学术国学",主要是回答怎么研究国学的问题。包括国学典籍的整理与考订、国学人物的思想研究,这属于大学教授和博士生们的研究对象,对于管理者来讲,主要接触和学习"伦理国学"与"管理国学"。

二 学好国学的标准

那么,怎样学好国学呢?

笔者提出两个标准:一个是学准,另一个是学好。学准,就是不要"郢书燕说",一定要符合国学的本义;学好,就是要学以致用,要边学边思考,并付诸实践。

首先说如何"学准"国学,就是不要"郢书燕说",不要"六经注我",一定要符合国学的本义。

"郢书燕说"这个故事来自《韩非子》,说的是楚国有两个人写信给燕国的总理。当时正是晚上,灯光昏暗,这位楚国老兄就对身边举烛的秘书说："把烛火举高。"可是此兄不小心，一边说，一边就把这句话写到信里面去了。其实，"举烛"并非这封信的本意。然而燕国的总理收到信，想了很多。燕国总理，自我理解"举烛"的意思应该是"追求光明"，而所谓追求光明，就是要广招天下贤才来任命为官。于是，燕国的总理把这封信的意思告诉了燕国国君，国君大喜，以此来治理国家，结果国家大治。其实这根本就不是写信人原来的意思。韩非子在讲完这个故事后感叹："现在的学者很多也是这样的。"（《韩非子·外储说左上》：郢人有遗燕相国书者，夜书，火不明，因谓持烛者曰："举烛。"云而过书"举烛。"举烛非书意也。燕相受书而说之，曰："举烛者，尚明也；尚明也者，举贤而任之。"燕相白王，王大说，国以治。治则治矣，非书意也。今世学者多似此类。）

学经典一定要学准，在这里笔者再列举三个例子。第一个例子是《论语·子张》里面记载孔子的高足子夏的名言："仕而优则学，学而优则仕。"今天，大家都理解为："做官非常优秀就去学习，学习非常优秀就去做官。"有的领导甚至阐发道："所谓'仕而优则学'，比如说，某位同志做领导工作非常优秀，上级领导非常欣赏他，要提拔他了，就派他到党校去学习；所谓'学而优则仕'，比如说某位同志读书很多，读了硕士又是博士，成绩优异，根据知识化、专业化的原则，就提拔起来做领导工作了。"这样解说，很有道理，但其实是"郢书燕说"。

《论语》里的"优"并不是"优秀"的意思,而是有剩余的时间和精力。南宋的朱熹早就注释道:"优,有余力也。仕而学,则所以资其事者益深;学而仕,则所以验其学者益广。"这样一来,以下这两部文献里的话就好理解了。《论语·学而》:"弟子入则孝,出则弟,谨而信,泛爱众,而亲仁,行有余力,则以学文。"《三字经》:"赵中令,读鲁论,彼既仕,学且勤。"

第二个例子,《礼记·檀弓下》里面有一句名言:"苛政猛于虎也。"这里的"政",千万不要讲成"政治",而只能讲成"赋税"。请看《周礼·地官司徒·均人》:"均人掌均地政。"郑玄注:"政读为征,地政,谓地守、地职之税也。"《左传·哀公十一年》:"事充,政重。"杜预注:"赋税多。"原来,税收是国家权力的象征,因此取消税收不行,但是横征暴敛也不行。中国古代的赋税政策往往与政治稳定或社会动荡紧密联系起来。

第三个例子是,《论语·学而》里面说:"敏于事而慎于言,就有道而正焉。"这里的"敏",好多同志理解为"聪敏",其实不是。"敏"的意思应该是"谨慎"。原来儒家主张一个官员的从政素质就是"审慎",《论语·为政》:"多闻阙疑,慎言其余。""多见阙殆,慎行其余。"那意思是说:"领导人说话和处世千万要谨言慎行。"孔子的弟子中有一个名叫司马牛的,问什么是"仁德",孔子说:"就是言语谨慎。"司马牛有些不解了:"言语谨慎,就可以叫作仁了吗?"

孔子说:"是呀,做起来不容易,说话能够不谨慎吗?"《论语·子张》也记载"君子一言以为知,一言以为不知,言不可不慎也",就是孔子的学生子贡说:"君子由于一句话可以表现他的有知,也由于一句话表现他的无知,所以说话不可不谨慎。"《论语·述而》中反对"赤手空拳和老虎搏斗,不用船只去搜河,死了都不后悔"的鲁莽,赞同的是"面临任务恐惧谨慎、善于谋划最终办成事"的老成。

"敏"在古代文献中当"慎"讲的例子举不胜举。请比较《左传·僖公三十三年》:"礼成而加之以敏。"杜预注:"敏,审当于事也。"又请比较《左传·僖公二十三年》:"凡诸侯国同盟,死则赴以名,礼也。赴以名则亦书之,不然则否,避不敏也。"杜预注:"敏,犹审也。"再请比较《左传·成公九年》:"不背本,仁也;不忘旧,信也;无私,忠也;尊君,敏也。"如果把最后一句话翻译成"尊敬国君,真聪明"就错了,本来的意思应该是:"尊敬国君,很庄重。"

因此,要学准国学,懂一点文言文知识是必要的。因为国学里面的好多重要典籍,产生于距离今天很遥远的古代,往往有千年以上的历史,所以最好先读读汉唐直到明清以来的古注。当然,如果再阅读一点古代的文化常识,对这些经典产生的时代背景有比较全面的了解,效果会更好。

三 如何学好国学

现在再说如何"学好"国学。就是要学以致用。要边学边思考，并付诸实践。这一点孔子非常强调，他说："只是读书，不去思考，就会受骗；只是空想，不去读书，就会缺乏信心。"又说："在温习旧知识时，能够有新体会、新发现，就可以为人师了。"

比如，《论语·述而》里面说："三人行，必有我师焉，择其善者而从之，其不善者而改之。"对于这句话的准确意思，还是朱熹讲得好，朱熹《论语集注》里说："三人同行，其一我也，彼二人者，一善一恶，则我从其善而改其恶焉，是二人者皆我师也。"朱熹的意思是：我们在工作中要向两种人学习，一种人强过我，我要学习他成功的经验；一种人弱于我，我要借鉴他失败的教训，反思而且改正自己身上的毛病，还要注意不要将他犯的错误又在我的身上重犯一次。要做到这一点还真不容易，孔子就曾经感叹说："算了吧，我没有看见过能够看到自己的错误便自我责备的呢。"所以，西方学者理解孔子的"修身"就是不断地修改自己的缺点，类似于今天所说的"自我批评"。这句话启发我们，在领导岗位上，一定要在进行榜样教育和成功教育的同时，多开展反面教育和危机教育，后者的教育效果可能会更好。韩非子也说过："人遇到灾祸，心里就恐惧不安；心里恐惧不安，行为就端正；行为端正，思虑便精密；思虑精密便明晓事理。行为端正，就没有灾祸；没有灾祸，就能享受天年；明晓事理，就能成就事业；享受天年，就能长寿健康；成就事业，就会富贵尽显。这就是幸福，而幸福竟然是由灾祸产生的，是灾祸成就了成功。"(《韩非子·解老》：人有祸，则心畏恐；心畏恐，则行端直；行端直，则思虑熟；思虑熟，则得事理。行端直，则无祸害；无祸害，则尽天年。得事理，则必成功。尽天年，则全而寿。必成功，则富与贵。全寿富贵之谓福。而福本于有祸。故曰："祸兮福之所倚。"以成其功也。)

又如，孔子谆谆告诫领导者在工作方式方法上有四个犯忌的地方，《论语·子罕》里面专门提道："子绝四：毋意，毋必，毋固，毋我。"当代学者张舜徽解释道："所谓'毋意'，是不妄加猜测的意思；'毋必'，是不武断的意思；'毋固'，是不固执己见的意思；'毋我'，是不单凭主观而做判断的意思。"说得更直白点，"毋意"，就是不凭空猜测；"毋必"，就是不绝对肯定；"毋固"，就是不拘泥固执，"毋我"，就是不唯我独是。所以，《论语·宪问》："子曰：'不逆诈，不亿不信，抑亦先觉者，是贤乎！'"意思是孔子曾经说过这样的话："不预先怀疑别人欺诈，不无根据地猜测别人不老实，而是能够根据事实及早发觉，这就是一位贤者了。"我们今天各位领导者如果能够依孔子这番话抓紧落实，工作肯定会更上一层楼。

再如，有一次，孔子的徒弟有名叫子路的，问孔子怎样担任领导工作，孔子做了重要的指示，《论语·子路》里面是这样记载的："子路问政，子曰：'先之，劳之。'""其身正，不令而行，其身不正，虽令不从。""不能正其身，如正人何？"那意思就是：做领导的，要自己率先垂范，大家自然就勤奋工作。

所以，从这个意义上讲，我们今天的领导管理工作，完全可以向"国学"借智慧，向古人讨方法。

第三讲　儒家篇

一　孔子有管理能力吗

大家一定会问：儒家与管理有什么关系？

其实，儒家从一开始就热衷管理，儒家给自己的标识语是"修身—齐家—治国—平天下"。这说的不是管理是什么？

在我看来，"修身—齐家—治国—平天下"并不是简单的并列关系，而是因果关系，也就是说，"修身—齐家—治国—平天下"既可以理解为一个人要做好四件事——"修身""齐家""治国""平天下"，也可以理解为一个人"因为修身，所以齐家"；"因为修身、齐家，所以能治国"；"因为修身、齐家、治国，所以能平天下"。儒家的重要典籍《礼记》中谈到，作为一个国家领导者应该在以下九个方面做得很好：加强自身修养、尊重优秀人才、在家孝敬父母、在位尊重下级、体贴下级、关爱群众、吸纳各种人才、吸引国际人气、享有国际声望。(《礼记·中庸》：凡为天下国家有九经，曰修身也，尊贤也，亲亲也，敬大臣也，体群臣也，子庶民也，来百工也，柔远人也，怀诸侯也。修身则道立，尊贤则不惑，亲亲则诸父昆弟不怨，敬大臣则不眩，体群臣则士之报礼重，子庶民则百姓劝，来百工则财用足，柔远人则四方归之，怀诸侯则天下畏之。) 这些全是在谈领导艺术，谈管理技巧。《论语》里面记载了一个故事，孔子的弟子问孔子："怎样才算一个道德修养很高的领导者？" 孔子说："加强自身修养，严肃认真地对待工作。加强自身修养，使上级和平级、下级安乐，修养自己来使所有老百姓安乐。"

还有一个重要的细节说明儒家以行政管理为追求目标，《论语·先进》里面谈到，孔子培养的学生可以分为四类：

一类是以道德修养著称的，有颜渊、闵子骞、冉伯牛、仲弓；
一类是以辞令外交著称的，有宰我、子贡；
一类是以行政管理著称的，有冉有、季路；
一类是以文献整理著称的，有子游、子夏。

可见，孔门四科中，行政管理就占了一科。

有意思的是，西方权威学者也认为孔子对管理更感兴趣。当代著名历史学家帕特雷西亚·巴克雷·爱伯蕾是这样评价孔子的："孔子是一位非常杰出的教师，是一位博学多才的人，备受大家的爱戴。许多人来向他请教，留在他身边学习他那个时代之前的传统。但是，孔子一生孜孜不倦追求的，乃是在当时的政府管理中发挥更大的作用，他还为他的弟子们谋求荐举了管理方面的职业。为此，他鼓励大家好好掌握令人敬仰的古代传统文化，特别是《诗经》《尚书》，以及那些讲古代礼仪的经典，而他自己也因为编辑整理了这些经典中的若干部而享誉千秋。"又说："孔子带着自己的弟子到邻近的国家去，希望这些国家的领导者采纳他的忠告。结果他们让他大失所望，这些领导者贪婪、冷酷、不讲诚信、没有社会责任感、丝毫不顾及他人的利益，于是，孔子只能要求自己洁身自好。作为中国最重要的道德哲学家，他把人的道德行为、传统角色和等级制度紧密相连，成为周代礼仪制度的守护者。"

那么，孔子有管理能力么？

其实，孔子的管理能力应该是不错的，只不过被人暗算了。韩非子讲过其中的具体细节：原来，孔子在鲁国执政的时候，国家治理得很好，路不拾遗，这让鲁国的宿敌齐国很紧张。于是，齐国的谋臣给齐国国君齐景公支招说："要去掉孔子还不容易吗？您用很高的职位和工资待遇把他吸引到齐国来，这还不够，您赶快送给鲁国国君一个由清一色美女组成的乐团，以助长此人的骄傲和虚荣心。鲁国国君肯定对这个女子乐团很着迷,政事全荒废了,孔子一定会去劝谏,劝谏不成必然离开鲁国。这不就成啦。"齐国国君齐景公大呼叫好,就派进言者把这支乐团分为六行,浩浩荡荡送到鲁君跟前。鲁君果然着迷了,整天乐此不疲,哪儿有工夫操心政事。孔子去劝谏,根本听不进去。孔子觉得待不下去了,只有离开鲁国,不过没有去齐国,而是去楚国了。

需要说明的是,对孔子使阴招儿的这位齐景公本来是一个好学深思的领导人物,《韩非子》里记载,齐景公多次虚心向孔子请教,而且获益匪浅,所以他是知道孔子的水平和分量的。虽然他对孔子非常尊重,但是一旦发现孔子为他人所用,对齐国的国家利益造成威胁的时候,他也就不顾一切地对孔子使坏了。

孔子有行政管理能力,有领导才能,然而历代有一些领导人却不喜欢儒家,这又是什么原因呢?

主要有两个原因。

一是早期的儒家不提倡霸道,而是提倡王道,不主张武力征服,而提倡以德化天下。这在兵荒马乱的年月,特别是在春秋战国那个礼崩乐坏、比谁的拳头硬的时代,儒家的学问总是显得有些书呆子气,要么就是与时代跟不上趟,要么就是过于超前了。

二是早期的儒家对君王要求过严。这又分为两点,一点是要求君王自己要带头修身;另一点是主张"民为贵、社稷次之、君为轻",这个口号让君王的权力受到限制,所以很讨君王嫌。于是,到了汉代的时候，特别是董仲舒以后的儒学里，来了个"阳儒阴法"，法家的元素渗透进来了，君权得到空前的强化，儒家终于惹人爱了，被君王们接受了。

这里笔者再阐发一下第一个原因。当年孔子周游列国，没有人采用他的学问，没有几个国家愿意让他搞试点，这也从一个侧面说明，儒家那一套要么被看成是过去的学问，要么被看成是未来的学问。《论语》里记载卫灵公向孔子请教怎样排兵布阵，孔子答曰："礼仪方面的事情，我内行；军旅之事，我外行。"孔子第二天就告别了。这让卫灵公大失所望。时值春秋末期，比的是谁的破坏力强，比的是谁的诡诈之术厉害，所以那时候在不少诸侯国家里法家和兵家的学问更吃香些。孟子不远千里来到魏国，拜见魏国的最高领导人——魏惠王，此时的魏惠王很晦气、很郁闷，跟齐国作战两次，吃了败仗，跟秦国作战两次，又吃了败仗，所以国势一蹶不振，魏惠王满心欢喜地欢迎孟子到来，问孟夫子："老先生不远千里而来，对我有什么指教啊，快快讲来。"殊不知，孟子讲到治国大纲，还是两个字"仁义"，孟老夫子建议不要打仗了，更不要好战了，要发展农业，等等。魏惠王一听，气不打一处来，马上说："先生还是算了吧。"

为什么呢？因为魏惠王肯定听说过十多年前，有一位军事家孙膑去见齐国的国王齐威王，劝威王一定要坚持"先军"政治，实行全国军事总动员，先强军然后强国。结果齐国迅速强大起来，把魏国打败了。所以，魏国的惠王现在什么都不相信，只相信刀枪和铁拳能够保全自己，能够报仇，能够征服别人，对于儒家的"仁义礼智信、温良恭俭让"那一套，当然不会欢迎了！

如果我们把儒家和法家做一个比较，就会发现：

第一，儒家认为每个人都是好的或可以成为好的（荀子例外），都是可以信任的；法家认为每个人无所谓好坏，或是坏的，或可以学坏的、不可信任的。（韩非子的老师荀子有两段话相当精彩，从这段话中可以看出，荀子认为人性本恶，必须靠法度和礼义来治理，而韩非子则更多地看重法度。《荀子·性恶》：人之性恶，其善者伪也。今人之性，生而有好利焉，顺是，故争夺生而辞让亡焉；生而有疾恶焉，顺是，故残贼生而忠信亡焉；生而有耳目之欲、有好声色焉，顺是，故淫乱生而礼义文理亡焉。然则从人之性，顺人之情，必出于争夺，合于犯分乱理而归于暴。故必将有师法之化，礼义之道，然后出于辞让，合于文理，而归于治。用此观之，然则人之性恶明矣，其善者伪也。故枸木必将待檃栝烝矫然后直；钝金必将待砻厉然后利，今人之性恶，必将待师法然后正，得礼义然后治。今人无师法则偏险而不正，无礼义则悖乱而不治，古者圣人以人之性恶，以偏险而不正，悖乱而不治，是以为之起礼义，制法度，以矫饰人之情性而正之，以扰化人之情性而导之也。《荀子·大略》：君人者，隆礼尊贤而王，重法爱民而霸，好利多诈而危。）

第二，儒家是管我（克己复礼为仁），法家是管你。

第三，儒家下不了手，法家狠的下心（信赏必罚）。

第四，儒家是柔性的（用今天的话说，包括心理柔性、技术柔性、服务柔性、组织柔性、质量柔性、战略柔性、情感柔性、营销柔性。总之，重视内在的驱动性，即内心的主动性、内在的潜力和创造精神；影响的持久性；激励的有效性），而法家是刚性的（通过法、术、势来统治和落实）。

俗话说："乱世用重典。"在兵荒马乱、天下未定的非常时期，领导者往往靠法家和兵家打天下和控制乱局。但是，当破坏性的时代过去，建设性的时代到来，天下思定，天下需要太平、需要稳定而走向新时代的时候，儒家就管用了。刘邦当年打天下的时候看不起儒生，还往儒生的帽子里撒尿呢。当上皇帝后依然如此，有一个谋臣陆贾向刘邦谈起了《诗经》《书经》等儒家经典，刘邦很反感，说我戎马一生打天下，没有靠什么儒家，照样成功。但是陆贾告诉刘邦，马上打天下，不一定能马上治理天下，要治理天下，还得靠儒家，刘邦终于醒悟，开始尊重儒生了。晚年，刘邦写下遗训《手敕太子书》，要求太子刘盈要好好读书。其中专门提到儒家尧舜的"禅让"制度，说尧和舜不把天下传给儿子而传给别人，这并不是因为不爱惜天下，只不过他们的儿子不适宜当天下的最高领导人罢了。

人们常常用"汉唐明月""汉唐盛世"来赞美这两个朝代，其实，这两个朝代都是儒家的忠实粉丝。汉武帝"罢黜百家，独尊儒术"，一下子把儒家抬到了官方学术和主流意识形态的地位。西方学者是这样论述的：汉武帝认识到任用饱读儒家诗书的人为官，对他的统治有一个好处，那就是这些人从孔子那里学到了自我克制、顾及他人、敬重礼仪、尊重规则、忠诚上级的美德。于是，汉武帝发展了官方教育，通过学习儒家经典来培养未来的官员。特别是对《易》《书》《诗》《礼》《春秋》五经进行讲授。唐太宗是大唐盛世的重要缔造者之一，那时候的唐朝，在经济、政治、文化、军事方面都具有世界霸主地位，真为咱们中国人长脸，直到今天很多外国的街道还叫作"唐人街"，服装又叫作"唐装"。唐太宗一生也是马上得天下，武功盖世，但是得到天下之后，马上崇尚儒学。唐太宗刚刚即位不久，就确定孔子和其弟子颜回为先圣先师，还在正殿的左侧设置了弘文馆，精心挑选了天下精通儒学的人士，保留他们现任的官职，让他们兼任弘文馆学士，给他们提供五品高官的待遇，让他们在宫廷坐班食宿。唐太宗在上朝处理国家事务的间隙，常常把这些学士召集到自己的办公室，讨论这些儒家古代典籍的当代意义，讨论如何向儒家典籍借智慧，为唐王朝的政治、经济、军事、文化服务。所以，当时的弘文馆，相当于今天的中央政策研究室和国务院研究室，更相当于中国社会科学院和各级各类高级智囊团。同时，弘文馆还是有识之士求学的最高殿堂，唐太宗有时候和他们讨论到深夜才休息。

后来，唐太宗又倡议学习儒家学说要从娃娃抓起。他发布最高指示，要求唐朝的"官二代"，也就是三品以上的皇亲贵族、贤臣良将的孩子必须到弘文馆当学生。再后来，又在相当于今天的北大清华和教育部这种集人才培养和教育管理机构于一身的国子监里面大兴儒学。唐太宗还几次视察国子监，在当时，国子监之内，带着书箱登上讲席的，有万人之多，如此大兴儒学，在以前从来没有过。(《贞观政要·崇儒学》：于是国学之内，鼓箧升讲筵者，几至万人，儒学之兴，古昔未有也。) 当时吐蕃（包括今天的西藏自治区）、高昌（吐鲁番）、高丽、新罗（今天的朝鲜和韩国）国家的领导人都把自己的孩子送到这里来留学。所以今天在朝鲜和韩国还有不少汉文献，其中一些书籍不排除就是这时候传到这些国家的。唐太宗要求国子监的官员讲解儒家经术，看他们讲得好不好，仔细检查他们的工作。而要从文化上普及儒学，教材是首要问题，教科书是个指挥棒。所以唐太宗命令当朝重臣、中书侍郎（相当于今天的国务院副总理）颜师古把儒家的五部经典认认真真地整理一番，这五部经典就是《诗经》《尚书》《礼记》《易经》《春秋》。唐太宗组织人力物力，叫孔子的后人、国子监祭酒（相当于今天的教育部部长兼教育部直属大学校长）孔颖达担任学术带头人，给这五部经典详详细细地做了注解，号召全国人民都要认认真真读这五部书，而国家的科举考试，是那个时代从政的独木桥，也是以此为重要的教科书和考试参考书。这还不算，贞观二年，唐太宗又发布最高指示，要求组织部门（吏部）注意干部选拔的方针是德才兼备，而

"才",就是要精通儒家经典。这在《贞观政要·崇儒学》里记载得非常详细,大家可以参看,这一点说明大唐盛世的繁荣与儒家学问是分不开的。

宋代还流行着"半部论语治天下"的典故,又是怎么一回事呢?

这个典故出自宋代罗大经《鹤林玉露》一书,说的是宋代的宰相赵普,常常讲到自己一生所读,仅《论语》一书,宋太宗赵光义因此问他究竟是怎么一回事儿。他说:"我从前用半部论语辅佐前朝太祖打天下,现在用另外半部帮助陛下您治天下。"(宋代罗大经《鹤林玉露》:臣平生所知,诚不出此,昔以其半辅太祖定天下,今欲以其半辅陛下致太平。)如果再参考《宋史·赵普传》,可以发现赵普正是吸取开国皇帝宋太祖赵匡胤的建议而读《论语》的。太祖嫌赵普读书少,说话办事没深度,提醒他"宰相只能用读书人"。有这么一个动力和压力,于是赵普"知耻而后读",在家里发愤读《论语》。他死后,家人打开书箱,发现里边只有一部《论语》,不知这位老人家生前读过多少遍了。

二 儒家三大智慧

儒家究竟有哪些最重要的理念呢?可用三个字来概括:家、和、学,也就是家为本、和为贵、学为先。

家为本

儒家重要典籍《礼记·大学》里有一段我们耳熟能详的话："想在普天之下所有的国家中树立美好道德之人，要先从管理好自己的国家做起；要把自己的国家管理好，应先把自己家里面的事情处理好；要把自己家里面的事情处理好，应先把自己的修养练到家；要把自己的修养练到家，应先使自己的心归向于正道；要使自己的心归向于正道，应先让自己的心志真诚；要使自己的心志真诚，应先做到知识广博，明白善恶吉凶之所终始；要做到知识广博，明白善恶吉凶之所终始，应先推究事物之理。"（《礼记·大学》：古之欲明明德于天下者，先治其国；欲治其国者，先齐其家；欲齐其家者，先修其身；欲修其身者，先正其心；欲正其心者，先诚其意；欲诚其意者，先致其知；致知在格物。）在笔者看来，这段话中最重要的就是"齐家"两个字。

在中国传统文化特别是儒家文化中，"家国"是一个极为重要的概念。修身、齐家、治国、平天下是人生最重要的追求。穷则独善其身，达则兼济天下。儒家文化是把个人、国家和天下的命运紧密联系在一起的，提倡以自身的修养为前提，以自身的言行为表率，和天下人一起，共同建设我们的家与国。所以，在中国文化中，爱家、爱国的忠孝观念源远流长。在儒家看来，一个国家的领导者，首先应该在家庭形象上给下级和百姓树立一个好榜样，因为领导者对老人尊敬，下级和百姓就知道孝敬父母；领导者尊敬师长，大家都会尊老爱幼；领导者同情孤寡，大家也就不会背叛领导者。(《礼记·大学》：上老老而民兴孝，上长长而民兴弟，上孤恤而民不倍。) 所以，一个国家的道德秩序应该是像《礼记·大学》中所写的："为人君，止于仁；为人臣，止于敬；为人子，止于孝；为人父，止于慈；与国人交，止于信。"即：作为领导者，要对下级和百姓讲仁爱，而作为下级，要对上级尊敬；在家里，作为孩子，要孝敬父母；作为父母，要慈爱孩子；与所有人交往，要讲信用。

可见，在儒家看来，治国与治家并没有本质区别。所以，当孔子的弟子子贡问道："怎样才可以叫作'士'？"孔子说："自己要保持羞耻之心，出使外国能很好地完成君主的使命，就可以叫作'士'了。"子贡又问："请问次一等的呢？"孔子说："宗族称赞他孝敬父母，乡里称赞他恭敬尊长。"[子贡问曰："何如斯可谓之士矣？"子曰："行己有耻，使于四方，不辱君命，可谓士矣。"曰："敢问其次。"曰："宗族称孝焉，乡党称弟焉。"(《论语·子路》)] 可见，孔子还是从"忠""孝"两个角度来评价干部的。

古人讲"天地君亲师"，在"天地"之外，最重要的就是"君亲师"，也就是国君、父母、老师，这三者分别构成工作关系、家庭关系、学校关系。孔子的弟子子夏说过这样的话："尽心尽力孝顺父母，尽力献身效忠国君，与同学和友人言而有信，这种人虽然没有经过正规的学校教育，我也认为他已经受到了良好的教育。"[子夏曰："贤贤易色，事

父母，能竭其力；事君，能致其身；与朋友交，言而有信。虽曰未学，吾必谓之学。"(《论语·宪问》)]

在这三种关系中，根据古今的运作情况来排序：首先是家庭关系，其次是学校关系，再次是工作关系。

为什么这么说呢？从一些称谓看，中国人把学校关系和工作关系看成是另一种家庭关系，形成了一种类推。

先看学校关系。

中国人把老师叫"师父"，意思是"一日为师，终身为父"，"老师"被类比成为另一位父亲，老师的夫人被称为"师母"。至于同学，则被称为"师兄""师姐""师弟""师妹"。

再看工作关系。

在古代，称地方官为"父母官"，百姓被称为"子民"，要求为官者要爱民如子。所以，工作关系也被家庭化了。

那么，儒家文化对"齐家"有哪些要求呢？

其实就是一个"孝"字。百善孝为先，以孝治天下。

在儒家思想中，孝分为四个层面：第一，父母活着，按照规定的礼节侍奉他们；第二，父母死了，按照规定的礼节埋葬他们；第三，父母葬了，按照规定的礼节祭祀他们；第四，父母在与不在，我们都要爱惜自己的身体，做一个对社会有用的人。

所以，《孝经·纪孝行章》中记载："子曰：'孝子之事亲也，居则致其敬，养则致其乐，病则致其忧，丧则致其哀，祭则致其严，五者备矣，然后能事亲。事亲者，居上不骄，为下不乱，在丑不争，居上而骄，则亡。为下而乱，则刑。在丑而争，则兵。三者不除，虽日用三牲之养，犹为不孝也。'"意为：孝子对父母双亲的侍奉，在日常居家的时候，要竭尽对父母的恭敬；在饮食生活方面，要保持和悦愉快的心情去服侍；父母生了病，要带着忧虑的心情去照料；父母去世了，要竭尽悲哀之情料理后事；对先人的祭祀，要严肃对待，礼法不乱。这五方面做得完备周到了，才可称为对父母尽到了子女的责任。侍奉父母双亲，要身居高位而不骄傲蛮横，身居下层而不为非作乱，在民众中间和顺相处、不与人争斗。身居高位而骄傲自大者，势必要招致灭亡；在下层而为非作乱者，免不了遭受刑罚；在民众中争斗，则会引起相互残杀。这骄、乱、争三项恶事不戒除，即便对父母天天用牛羊猪三牲的肉尽心奉养，也还是不孝之人。

在儒家看来，尊重祖先，孝敬父母，是三德之一、三行之一。(《周礼·地官司徒·均人》：以三德教国子，一曰至德，以为道本；二曰敏德，以为行本；三曰孝德，以知逆恶。教三行，一曰孝行以亲父母，二曰友行以尊贤良，三曰顺行以事师长。根据郑玄注，至德是中和、中庸之德；敏德是仁义顺时者也；孝德是尊祖爱亲、守其所以生者也。)"孝"是学校教育的必修课之一。而中国的汉字"教"，左边就是"孝"，可见"孝"是中国古代教育的重要内容。"孝"是对尊亲敬老等善德的通称。即使是一个国家的最高领导者，也要从"孝"做起，然后推广到对他人的爱，并将其作为道德标准让下级和百姓效法。《孝经·天子章》里面强调，如果一个领导者孝敬父母，就不会对别人横生怨恨，敬重父母，就不会怠慢别人，然后把这种品德推广到下级和百姓中，放之四海而皆准。所以《孝经·圣治章》里面说："故亲生之膝下，以养父母日严，圣人因严以教敬，因亲以教爱。""孝"还是"礼乐"教化的基础，一切社会风气的好转与和谐，都是从"孝"开始的，所以孔子说："教育百姓互相亲近友爱，没有比倡导孝道更好的了。教育百姓礼貌和顺，没有比服从自己兄长更好的了。转移风气、改变旧的习惯制度，没有比用音乐教化更好的了。使君主安心，百姓顺服，没有比用礼教化更好的了。所谓礼，也就是敬爱而已。所以尊敬他的父亲，其儿子就会喜悦；尊敬他的兄长，其弟弟就会愉快；尊敬他的君主，其臣下就会高兴。敬爱一个人，却能使千万人高兴愉快。所尊敬的对象虽然只是少数，为之喜悦的人却有千千万万，这就是敬作为要道的意义之所在啊。"［子曰："教民亲爱，莫善于孝。教民礼顺，莫善于悌。移风易俗，莫善于乐。安上治民，莫善于礼。礼者，敬而已矣。故敬其父则子悦，敬其兄则弟悦，敬其君则臣悦，敬一人而千万人悦。所敬者寡，而悦者众。此之谓要道也。"（《孝经·广要道章》）］

　　值得注意的是，儒家文化倡导的"孝"不是"愚孝"，就像"忠"不是"愚忠"一样，父母有不对的地方，也要指出来，以免父母遭遇挫折，只是一定要注意方式方法。孔子的弟子曾子问老师说："像慈爱、恭敬、安亲、扬名这些孝道，已经听过了夫子的教诲，我想再冒昧地问一下，做儿子的一味遵从父亲的命令，就可称得上是孝顺吗？"孔子说："这是什么话呢？这是什么话呢？从前，天子身边有七个直言劝谏的诤臣，因此，纵使天子是个无道昏君，他也不会失去天下；诸侯有直言谏诤的诤臣五人，即便自己是个无道君主，也不会失去他的诸侯国地盘；卿大夫也有三位直言劝谏的臣属，所以即使他是个无道之臣，也不会失去自己的家园。普通的读书人有能直言规劝的朋友，自己的美好名声就不会丧失；做父亲的有敢于直言力争的儿子，就不会使父亲陷于不义之中。因此在遇到不义之事时，如系父亲所为，做儿子的不可以不规劝力阻；如系君王所为，做臣子的不可以不直言谏诤。所以对于不义之事，一定要谏诤劝阻。如果只是遵从父亲的命令，又怎么称得上是孝顺呢？"［曾子曰："若夫慈爱、恭敬、安亲、扬名，则闻命矣。敢问子从父之令，可谓孝乎？"子曰："是何言与，是何言与！昔者天子有争臣七人，虽无道，不失其天下；诸侯有争臣五人，虽无道，不失其国；大夫有争臣三人，虽无道，不失其家；士有争友，则身不离于令名；父有争子，则身不陷于不义。故当不义，则子不可以不争于父，臣不可以不争于君；故当不义，则争之。从父之令，又焉得为孝乎！"(《孝经·谏诤章》)］

至此，我们不禁要问：儒家为什么那么看重"孝"呢？这与行政管理又有什么关系呢？很有关系。孔子认为，作为一个国家的最高领导者，首先应该在"孝"上做出示范。这本身就是他进行管理的一个内容,是领导这个国家走向有序与和谐的重要手段,所以孔子说:"君子教人以行孝道,并不是挨家挨户去推行,也不是天天当面去教导。君子教人行孝道,是让天下做父亲的人都能得到尊敬。教人以为弟(悌)之道,是让天下做兄长的人都能受到尊敬。教人以为臣之道,是让天下为君主的都能受到尊敬。《诗经·大雅·泂酌》里说:'和乐平易的君子,是民众的父母。'不是具有至高无上的德行,又怎么能使天下民众顺从而如此伟大呢!"

原来,在家行孝,在国必忠,"孝"是人类至高无上的精神修养——"仁"的核心基础。所以《论语·学而》中记载了孔子弟子有若的话,"其为人也孝弟,而好犯上者,鲜矣;不好犯上,而好作乱者,未之有也。君子务本,本立而道生。孝弟也者,其为仁之本与!"他说:"一个人如果孝顺父母、敬爱兄长、尊敬师长,却喜欢触犯上级领导的,简直是少极了;不喜欢触犯上级领导,却好作乱的人,更是绝对没有。"所以做人首先要从根本做起,有了根本,就能建立正确的人生观。孝敬父母、尊敬师长,就是做人的根本。"慎终追远,民德归厚",孔子的弟子曾参说过这样的话,即"谨慎地对待父母的死亡,追念远代的祖先,自然会使老百姓归于忠厚老实"。而《孝经·广扬名章》中记载孔子的话:"君子侍奉父母双亲能尽孝,所以能把对父母的孝心移作对国君的忠心;事兄长能尽敬,所以能把这种尽敬之心移作对前辈或上级的敬顺;在家里能处理好家务,所以能把治家的道理移于做官治理国家上来。因此说能够在家里尽孝悌之道、治理好家政的人，其声名也就会显扬于后世了。"

所以，我们要对孩子从小开始进行"孝"的教育，这对于孩子今后立足于社会是非常有好处的。我们总以为，随着福利制度的健全，我们当父母的都有足够的退休金和养老金安度晚年，不需要我们的孩子赡养我们，"孝"在我们这个时代似乎逐渐失去它的现实意义。其实不然，讲求"孝"，主要是培养一个人立足社会的能力，尤其是培养他与长辈、老师、上级领导相处的能力。因为：

一个人在家里与父母处理好了关系，在学校就能与老师处理好关系，进入社会就能与长辈处理好关系，工作之后就能与领导处理好关系；

一个人在家里处理好了夫妻关系，在社会就能与同龄人处理好关系，工作之后就能与平级处理好关系；

一个人在家里与子女处理好了关系，在学校（如果是老师）就能与学生处理好关系，在社会就能与晚辈处理好关系，工作之后就能与下级处理好关系。

所以，培养孩子"孝"的能力，其实是为了培养孩子在家庭中与亲人和谐相处的能力，就是培养他今后为人处世的能力，甚至包括他的行政能力。从这个意义上讲，一个官员就是从家庭里面培养出来的，一个人的政治素质、组织能力也是从家庭里面培养起来的。"家"可以说是孩子的第一所学校，父母是子女的第一任老师，而且是最重要的老师。孩子今后是否成才，往往取决于父母的家教如何。

从领导艺术角度讲，儒家文化的"家为本"，究竟给我们哪些启发呢？

家为本，一是要求领导者首先要给下属和员工树立一个良好的家庭形象。《论语·为政》全面展示了孔子的从政理论，其中讲到这样一个细节，说的是季康子问孔子："怎样使老百姓做到恭敬、忠诚、勤勉呢？"孔子的回答是："你对老百姓严肃认真，他们就对你恭敬了；你在家里孝敬父母，尊老爱幼，他们就忠于你了；你任用贤良、培养人才，他们就为你勤奋工作了。"[季康子问："使民敬、忠以劝，如之何？"子曰："临之以庄，则敬；孝慈，则忠；举善而教不能，则劝。"(《论语·为政》)]在儒家看来，领导者和管理者，就是对群体的领导和管理，而家庭是人生的第一个正式群体，所以，最初的领导行为应该就发生在家庭中。当有人问孔子："先生为什么不从政呢？"孔子说："《尚书》里面说过：孝啊，只要孝顺父母、友爱兄弟，这就是领导和管理了呀，这就是从政啊，难道只有做官才算从政？"[或谓孔子曰："子奚不为政？"子曰："《书》云：'孝乎！惟孝，友于兄弟，施于有政。'是亦为政，奚其为为政？"(《论语·为政》)]所以，一个人的第一份从政鉴定，应该是家庭成员给出的。孔子还说过:"从侍奉上级,在家孝顺父母,尽力办好丧事,不酗酒,这三件事对我有什么困难?"(见《论语·子罕》)言下之意,这是小事一桩。孔子倡导年轻人应该孝顺父母,尊敬师长,言语谨慎,认真诚信,广施爱心,亲近仁人志士。能做到这些,有闲暇,就可以从事理论研究了。[子曰:"弟子入则孝,出则弟,谨而信,泛爱众,而亲仁,行有余力,则以学文。"(《论语·学而》)]《论语·微子》里记载周公(姬旦)对鲁公(伯禽)说:"君子不要怠慢他的亲属,不要让大臣抱怨没有被信任,不要抛弃老臣故人,不要对人求全责备。"

家为本,二是要求领导者像经营家庭一样经营单位、企业和国家,就是要求员工和领导者一样,像关爱家庭那样关爱集体,像为家庭承担责任那样为集体承担责任。

家庭成员是互相体贴的,所以领导对下属要关心、爱护、帮助,而员工对自己的单位和岗位也要保持热爱。家庭成员基本是不可变化的,所以领导对下属也不要轻易撤换和解聘。

家为本,三是要求领导者以情动人,以情管人,柔性管理(柔性管理模式有三个特征:一是内在的驱动性,二是影响的持久性,三是激励的有效性)。在儒家看来,以情管人比什么都重要,人性化的管理和人文关怀,甚至能够让遭受刑罚之人也心生感激,因为"法"外依然有温情。"善为吏者树德,不能为吏者树怨。概者,平量者也;吏者,平法者也。治国者,不可失平也。"上述也是孔子的观念,善于做官的人树立恩德,不善于做官的人树立怨敌。官吏是使法令公正实施的人。治理国家，是不能失去公平的。可见，儒家既主张执法时铁面无私，也主张执法时人文关怀。

"和"为贵

"和"原本是一个典型的音乐概念，指不同声音的相互调和。由于中国古代对音乐的教化作用和象征作用的高度重视，"和"成为修身齐家和济世安邦的重要理念。(《周礼·春官·大司乐》：以乐德教国子中、和、祗、庸、孝、友。以乐语教国子兴、道、讽、诵、言、语。以乐舞教国子舞《云门》《大卷》《大咸》《大磬》《大夏》《大濩》《大武》。以六律、六同、五声、八音、六舞大合乐，以致鬼神示，以和邦国，以谐万民，以安宾客，以说远人，以作动物。)"和"的主要含义有四种：一是适中、中和，二是适应、调和，三是融洽、平和，四是不同。

那么，儒家的"和"对我们今天的领导者有哪些启发呢？

第一，"和"为贵，就是自己内心和谐。

在儒家看来，每一个人都有"喜、怒、哀、乐"四种情绪，这四种情绪没有外露表现的时候，就是"中"；外露出来但是控制在恰当的范围之内，就是"和"。(《礼记·中庸》：喜怒哀乐之未发，谓之中，发而皆中节，谓之和。)也就是说，"和"是指能够驾驭控制自己的"喜、怒、哀、乐"四种情绪，不大喜、不大怒、不大哀、不

盛唐时期·《乐舞图》局部

大乐，有所节制，这就是"和"。可见，儒家的"和"，首先是一种心理调适。对"度"的把握最为重要。所以儒家典籍《论语·八佾》中记载孔子的话："《关雎》，乐而不淫，哀而不伤。"孔子的意思是《关雎》这首诗，快乐却不过分，悲哀却不过头。所以，"和"其实就是"中庸"，也就是处事不偏不倚，无过无不及。[子曰："中庸之为德也，其至矣乎！民鲜久矣。"何晏集解："庸，常也。中和，可常行之德。"（《论语·雍也》）]

西方剧作家莎士比亚也有类似的话："不要因为您的敌人而燃起一把怒火，炽热地烧伤了您自己。不要顾及区区小利，不要因只言片语便耿耿于怀，这样是成不了大事的。"

行政工作是件"劳心"的工作，所以控制情绪十分重要，也特别不容易。对此，儒家学者谆谆叮嘱，几乎到了不厌其烦的地步。有一次，学生子张问孔子："楚国有一个令尹（相当于宰相）名叫子文，在行政领导岗位上三起三落，但是他很能够控制自己的情绪，三次做令尹，没有高兴的神色，三次被撤职，没有怨恨的神色，而且有条不紊地把自己的工作全部移交给继任者，您觉得这个人怎么样？"孔子称赞道："真是个尽忠尽职的人啊。"（见《论语·公冶长》）还有一位著名人士，名叫柳下惠，我们都知道他坐怀不乱的故事，是个修养非常好的人。其实他的心态也非常好，他做法官，多次被撤职，但都平静处之。有人对他说："您不可以离开鲁国吗？"柳下惠说道："正直地侍奉国君，到哪一国去不会被多次免职？如果不正直地侍奉国君，何必要离开自己父母所在的国家呢？"［柳下惠为士师，三黜。人曰："子未可以去乎？"曰："直道而事人，焉往而不三黜？枉道而事人，何必去父母之邦？"（《论语·微子》）］而孔子所看不起的官员是：没有得到职位的时候，生怕得不到；得到了职位，又生怕失去。孔子认为，如果总担心失去职位，就会什么事情都做得出来。［子曰："鄙夫可与事君也与哉？其未得之也，患得之。既得之，患失之。苟患失之，无所不至矣。"（《论语·阳货》）］

然而，要做到心情平和，并不是一件容易的事，需要历练和修身。"仁者不忧，知者不惑，勇者不惧"，孔子认为只有明智的人不会困惑，只有仁爱的人不会忧伤，只有勇敢的人不会害怕。具备了这三点，才是一个真正的君子。

怎么样才能做到心平气和？关键是要问心无愧。有一次，一个叫司马牛的人问孔子："什么样的人才算是'君子'？"孔子说："不忧伤，不担惊受怕，不提心吊胆。要做到这一点，关键是问心无愧。"(《论语·颜渊》：内省不疚，夫何忧何惧？）所以孔子认为君子和小人的区别就在于：前者心地坦荡宽广，后者局促忧虑。(《论语·述而》：君子坦荡荡，小人长戚戚。）孔子最喜欢弟子颜回，为什么呢？因为颜回的修养很高，一箪饭，一瓢水，住在小巷子里，别人都受不了那种穷苦，但是颜回自得其乐（见《论语·雍也》）。

"问心无愧"在《论语》里面对应的原话是"内省不疚"，一个人内心要和谐坦荡，就一定要不断地反省自己，看自己做对了什么，做错了什么，并不断改进，这样心里才会踏实。儒家文化非常看重"自我反省"，孔子的弟子曾参每天都要反省三件事：为人出谋划策忠心不忠心呢？与朋友交往讲不讲信用呢？自己所学的东西复习并实践了吗？"[曾子曰："吾日三省吾身：为人谋而不忠乎？与朋友交而不信乎？传不习乎？"(《论语·学而》)] 通用电气CEO杰夫·伊梅尔特认为，领导力实质上是一种自我反省能力。拥有自省精神，才能够发现问题并及时改进，才能在冲突来临之前实现一种恰当的平衡，才能卓有成效地做正确的事情。

今天看来，问心无愧、自我反省，就是一种自我管理。这在今天的企业管理中依然没有过时。现代管理学大师德鲁克提出管理者素质提升的三个步骤：首先是成功实现自我管理，其次是成功实现对企业人员的管理，最终是实现对经营战略目标的管理。因此首先必须克服自身缺点，发扬自身优点，自我约束，自我管理。对一个领导者而言，一定要管理好自己的品格、道德、知识、智慧、脾气、言行。当代著名政治家、马来西亚前总理马哈蒂尔也指出："优秀的领导人首先应该具备改造自己的能力，其次才能改变他人。"

在我们看来，孔子所言"内省不疚"的全部内容就是我们每一个人必须不停地反思：这个岗位需要什么样的人？自己的优势在哪里？自己的弱点是什么？我们是否处理好了个人优势与岗位需求之间的关系？工作前我们是否未雨绸缪？工作中我们是否做了调查研究？工作后我们是否及时反思？我们是否在把握实情、了解规律的基础上，优化工作思路与管理流程，从而在点滴积累中实现管理创新呢？

第二，"和"为贵，就是自我身体的和谐。

儒家非常强调自我身体的和谐，而且把它看成修身养性、提高品德修养的一个不可缺少的环节。中国文化与印度文化不同，中国文化并不主张消除人的全部本能而做苦行僧，特别是嘴巴、鼻子、耳朵、眼睛等的欲望，儒家认为那是人人都有的，是本能，很正常。但关键是不能过度，要节制自身的欲望而不能放纵。孟子和朱熹都是这么看的。(《孟子·尽心下》：养心莫善于寡欲。朱熹集注：欲，如口鼻耳目四支之欲，虽人之所不能无，然多而不节，未有不失其本心者。）道家也有此主张，老子说过："五色令人目盲，五音令人耳聋，五味令人口爽，驰骋畋猎令人心发狂。"（见《道德经》第十二章）老子提醒大家："那些追求长生而招致早死的人，占了死亡比例的十分之三，这是什么原因呢？是因为他们求生的做法太过了。"（见《道德经》第五十章）法家的韩非子也叮嘱道："芳香甘美松脆的食物，醇厚的美酒，肥嫩的肉块，可口是可口，但容易导致生病……所以一定要适可而止，身体才不会受伤害。"（见《韩非子·扬权》）在孔子心中，一个真正的君子，吃饭不要吃得过饱，居住不要太图安逸，为人谨言慎行，向有道之人请教，这就是好学之士了。[子曰："君子食无求饱，居无求安，敏于事而慎于言，就有道而正焉，可谓好学也已。"（《论语·学而》）]

身体怎样才能和谐呢？那就是少一些欲望。孔子主张无欲则刚。孔子说他自己没见过坚强的人，有人说申枨坚强，孔子说申枨欲望太多，怎么能坚强？（见《论语·公冶长》）

控制身体的欲望，实际上就是控制物质的欲望，这是一个领导者必备的素质和修养。如果领导者把这种修养推广到管理上，就会懂得勤俭，懂得节约，懂得珍惜。在孔子看来，治理具有一千辆兵车的国家，要严肃认真地对待工作，诚信无欺，节约费用，爱护官吏，使用百姓要在农闲之时。[子曰："道千乘之国，敬事而信，节用而爱人，使民以时。"（《论语·学而》）]孔子主张消费与节俭并重。他赞美大禹"菲饮食而致孝乎鬼神，恶衣服而致美乎黻冕，卑宫室而尽力乎沟洫"，意为："自己吃得很差，却把祭品办得极为丰盛；穿得很差，却把祭服做得很华美；住得很差，却把力量完全用于沟渠水利。"（见《论语·泰伯》）孔子自己很节约，但对身边的人却很慷慨。《论语》里记载了这样一个温馨的故事，孔子家有一个总管名字叫原思，孔子给了他小米九百，他不肯接受，孔子说道："拿去吧，你自己吃不完，就给你的街坊邻居吧。"（见《论语·雍也》）

孔子曾经专门谈到领导者的好习惯与坏习惯，这些习惯都涉及怎样不伤身，使身体保持和谐。三个好习惯是：以得到礼乐的调节为快乐，以宣扬别人的好处为快乐，以交了不少好的朋友为快乐。三个坏习惯是：以骄傲自大为快乐，以游荡忘返为快乐，以饮食荒淫为快乐。这些坏习惯肯定是伤身的，是不会带来身体和谐的。[子曰："益者三乐，损者三乐；乐节礼乐，乐道人之善，乐多贤友，益矣。乐骄乐，乐佚游，乐宴乐，损矣。"（《论语·季氏》）]

儒家追求身体的和谐，提倡物质节约而不浪费，这使我们想到一个相关的话题：孔子的财富观是怎么样的？领导干部怎样面对金钱和权势？

孔子对于"富"（有钱）与"贵"（当官），从来就不拒绝。他曾经说："如能致富，哪怕是赶车，我也去做；如不能，则随我所好。"（《论语·述而》：子曰："富而可求也，谁执鞭之士，吾亦为之。如不可求，从吾所好。")在孔子看来,他最喜爱的弟子颜回的学问好,但是颜回很穷,最后英年早逝了。而另一个学生端木赐不安本分,去做生意,一路都很顺利,日子过得也很滋润。[子曰:"回也其庶乎!屡空;赐不受命,而货殖焉;亿则屡中。"(《论语·先进》)]他对颜回因贫穷而死,表现出伤感、惋惜和无奈;对于端木赐,则是揶揄之下有几分夸奖和肯定。

孔子诚然看重财富,但是,凡事都要讲原则、有底线。孔子认为君子爱财,取之有道。他说过:"富和贵,人人都向往,但是不以正当的方法得到,不要享受;贫和贱,是人人都不喜欢的,但是不以正当的方法摆脱,不要逃避。君子失掉了仁爱之心,怎么算君子?君子时刻不会违反仁道,紧急时如此,颠沛时也如此。"[子曰:"富与贵,是人之所欲也;不以其道得之,不处也。贫与贱,是人之恶也;不以其道得之,不去也。君子去仁,恶乎成名?君子无终食之间违仁,造次必于是,颠沛必于是。"(《论语·里仁》)]孔子甚至这样说道:"吃粗粮,喝白水,弯着胳膊当枕头,乐也在其中了!缺少仁义的富贵,对我来说,就像天上的浮云一般。"[子曰:"饭疏食饮水,曲肱而枕之,乐亦在其中矣。不义而富且贵,于我如浮云。"(《论语·述而》)]在《论语·里仁》里,孔子更明确地说:"君子喻于义,小人喻于利。"在《论语·子张》里,子张说:"士见危致命,见得思义。"所以孔子认为:"放于利而行,多怨。"(见《论语·里仁》)只顾个人利益而行动,会招致很多的怨恨。孔子曾经对当时希望从政的人发出倡议:"坚信我们的道,努力学习,誓死保卫它;不入险地,不住乱邦；国家太平则一展才华，社会黑暗则暂时隐居。治世中，贫贱就是耻辱；乱世中，富贵也是耻辱。"[子曰："笃信好学，守死善道。危邦不入，乱邦不居，天下有道则见，无道则隐。邦有道，贫且贱焉，耻也，邦无道，富且贵焉，耻也。"（《论语·泰伯》）]

可见，"士"对于财富和利益，要看该得还是不该得。那么，这里的"士"和"义"究竟是什么意思呢？国际上一般认为中国传统文化中的"士"指文人学士、中国传统文化守护者、统治者和官僚主流；其实古人所说的"士"主要指领导者。那么，什么是"义"呢？法家的韩非子曾经解释道："所谓'义'，就是指适宜，适宜的才去做，所以说，最高的'义'，其作为是有目的的。"（《韩非子·解老》：义者，君臣上下之事，父子贵贱之差也，知交朋友之接也，亲疏内外之分也。臣事君宜，下怀上宜，子事父宜，贱敬贵宜，知交朋友之相助也宜，亲者内而疏者外宜。义者，谓其宜也，宜而为之。故曰："上义为之而有以为也。"）可见，"义"就是应该坚守的为人准则，即父子关系、上下级关系、亲友关系中应该坚守的做人原则，它比"利"重要，我们不能见利忘义，更不能忘恩负义。

在孔子的弟子中，子路挨的批评最多，但孔子也有表扬他的时候。《论语》里记载孔子赞美子路穿着破旧衣服，与穿着狐皮貂皮衣服的人站在一起，而不感到惭愧，子路的长处是不嫉妒、不贪婪（见《论语·子罕》）。孔子认为"士志于道，而耻恶衣恶食者，未足与议也"，意为：立志追求真理，而耻于粗布淡饭的人，不值得交谈（见《论语·里

明·周臣·《香山九老图》

此图描绘的是唐朝诗人白居易在故居香山（今河南洛阳）与八位耆老聚会的场景

仁》）。子贡说："贫穷却不阿谀奉承，富贵却不狂妄自大，怎样？"孔子说："可以。但不如贫穷却乐于道，富裕而又有涵养的人。"［子贡曰："贫而无谄，富而无骄，何如？"子曰："可也；未若贫而乐，富而好礼者也。"

(《论语·学而》)]孔子的弟子子夏做了莒父的地方官,问如何从政。孔子回答道:"无欲速,无见小利。欲速为,则不达;见小利,则大事不成。"意为:不要急功近利,不要只图小利。急功近利,反而不能达到目的;只图小利,就办不成大事(见《论语·子路》)。

第三,"和"为贵,就是自我与他人的和谐。

儒家"和为贵"的思想对今天领导者的启发,还体现在"自我与他人的和谐"上。

儒家认为从政者最重要的是处理好三种关系:与上级的关系,与下级的关系,与平级的关系。要想处理好这三种关系,首先应该讲"礼"。

"礼"就是礼让、礼节。孔子的弟子有子曾经说过,"礼"的运用要以和为贵。这是最美好的传统,适用于一切事情。但违反礼而讲"和"则是绝对不行的。[有子曰:"礼之用,和为贵。先王之道,斯为美;小大由之。有所不行,知和而和,不以礼节之,亦不可行也。"(《论语·学而》)]荀子认为,人生来就是有欲望的,心里想要某个东西而没有得到它时,就会想方设法去追求,在这个过程中,如果没有一定的规矩,就不免发生争斗,争斗就会混乱,混乱就会贫穷。[礼起于何也?曰:"人生而有欲,欲而不得,则不能无求;求而无度量分界,则不能不争;争则乱,乱则穷。"(《荀子·礼论》)]所以就需要礼。"礼"对于他人,表明我要谦让;对于自己,表明我要节制,只有这样,才能够"和"。所以,孔子专门谈到"礼"就是克制自己,不要乱看,不要乱听,不要乱说,不要乱动。

[颜渊问"仁"。子曰:"克己复礼,为仁。一日克己复礼,天下归仁焉。为仁由己,而由仁乎哉?"颜渊曰:"请问其目?"子曰:"非礼勿视,非礼勿听,非礼勿言,非礼勿动。"(《论语·颜渊》)]

那么,怎样靠"礼"建立和谐的上下级关系呢?

首先是"礼"多人不怪。有一次,鲁定公问孔子:"上级怎样对待下级?下级怎样对待上级?"孔子回答:"君使臣以礼,臣事君以忠。"意即上级要尊重下级,下级应忠于上级(见《论语·八佾》)。

在此基础上,孔子提出了和上级领导说话或汇报时的三忌:躁、隐、瞽。没有轮到你说话,你就先说,叫作急躁;该你说话了,你却不说,叫作隐瞒;不看领导的脸色就贸然开口,叫作盲目。(《论语·季氏》:侍于君子有三愆:言未及之而言,谓之"躁";言及之而不言,谓之"隐";未见颜色而言,谓之"瞽"。)同样,对于领导者,孔子提出该同对方交谈却不同对方交谈,这是错过人才;不可以同对方谈,却同对方谈,这是浪费言语。聪明人既不错过人才,也不浪费言语。[子曰:"可与言,而不与之言,失人;不可与言,而与之言,失言。知者不失人,亦不失言。"(《论语·卫灵公》)]

这里还有一个问题,为什么有些领导跟人打交道时,会令对方有不舒服的感觉呢?原来他犯了四个毛病,那就是:克、伐、怨、欲,也就是好胜、自夸、怨恨、贪心。

具体而言,"克"就是总给人一种咄咄逼人、很强势的感觉,让人觉得跟他相处不自在。

这里行者举一个例子。在《论语》中，挨孔子批评最多的一位弟子是子路。按年龄，子路是孔子最年长的学生，年龄最大却经常被老师批评，应该是一件很没有面子的事情。那么，究竟是因为什么孔子要批评子路呢？就是因为他太高调、太强势。孔子每次提问时，子路总是抢答，而且非常高调地宣扬自己的领导艺术。孔子耻笑他，对旁边的弟子说："担任国家的领导者，要懂礼，他说话一点也不谦让，所以我耻笑他。"（《论语·先进》：为国以礼，其言不让。）同样是在《先进》篇，还记载了这么一个细节："闵子侍侧，訚訚如也；子路，行行如也；冉有、子贡，侃侃如也。子乐。'若由也，不得其死然。'"原来，闵子骞站在孔子身旁，恭敬而正直；子路却一副刚强的样子；冉有、子贡温和而快乐。孔子说道："子路恐怕难以善终啊。"在这一篇里，孔子又说："冉求平时做事畏首畏尾，退缩不前，所以我给他壮胆；子路胆量有两个人那么大，勇于作为，行事高调，所以我要压压他。"连同挨批的还有一个弟子颛孙师（子张），当子贡问孔子，颛孙师和卜商（子夏）哪一个更强一些时，孔子说："师呢，有些过分；商呢，有些赶不上。"子贡说："那么，师强一些吗？"孔子说："过分和赶不上同样不好。"这就是"过犹不及"的由来。在另一个场景里，孔子点评他四个弟子的不足："高柴愚笨，曾参迟钝，颛孙师偏激，仲由鲁莽。"所以，"子绝四：毋意，毋必，毋固，毋我。"（见《论语·子罕》）孔子要求大家杜绝四种弊病：不凭空揣测，不绝对肯定，不固执己见，不唯我独尊。

"伐"就是自吹自擂，自我感觉良好，自以为是，一味讲自己如何风光辉煌，却不言自己的过失和错误。《老子》第三十章中说："果而勿矜，果而勿伐，果而勿骄，果而不得已，果而勿强。物壮则老，是谓不道，不道早已。"意为："实现了目标而不自满，成功了而不炫耀、不骄傲。成功了像是顺其自然，成功了却不逞强。任何事物一逞强示壮就会衰败，这就叫不合于道。不合于道，则早已注定要死亡。"由此可见，儒家和道家在很多问题上是殊途同归的。汉代司马迁在总结项羽和韩信失败的教训时也说：项羽和韩信败就败在自我感觉良好，经常自吹自擂，自以为是，而听不进周围人的意见和建议。

不自夸是从政者重要的人格魅力，孔子对此非常赞赏。有一次，孔子弟子子游担任武城长官。孔子问："你在那儿得到人才了吗？"子由回答说："有啊，有个叫澹台灭明的人，一贯走正道，没有公事，从不到我家里来。"孔子还说："有一个叫孟之反的人，不自夸，打仗撤退时，主动在后面掩护，刚进城门，他策马快速通过欢迎队伍，说：'不是我有胆走在最后，是马跑不快。'"（见《论语·雍也》）孔子觉得这样的人是有内在素养的，可以从事领导工作。

"伐"为什么不招人喜欢呢？因为"伐"代表骄傲。我们总说虚心使人进步，骄傲使人落后，所以孔子很不喜欢一个领导者有这个毛病，《论语·泰伯》中说："如有周公之才之美，使骄且吝，其余不足观也已。"意为："一个人即使有周公一样的才能和美德，但如果骄傲吝啬，别的方面也就不值一提了。"不居功自傲、不自吹自擂、行事低调，这种领导风度是孔子反复强调的。所以，领导者有三大败笔、四大恶习。这三大败笔是：将别人的成绩据为己有；毫不谦虚，自以为是；喜欢揭发别人的隐私却自以为直率。四大恶习则是：一味传播别人的坏处，不满于处在下级而毁谤上级，勇敢却不懂礼节，固执己见而听不进意见。

"怨"，就是怨恨，怨天尤人，这也看不惯那也看不惯，满腹牢骚，心胸狭窄，喜欢找借口。

在儒家看来，不怨天尤人是强者的体现，是从政者必备的素质。在《论语·学而》里，孔子就讲："人不知而不愠，不亦君子乎？"别人不了解我，我却不怨恨，不也是君子吗？他语重心长地叮嘱从政者："不要怕别人不了解自己，而要怕自己不了解别人。"（《论语·学而》：不患人之己不知，患不知人也。）"不要担心别人不了解自己，而要担心自己没有能力去做事。"（《论语·宪问》：不患人之不己知，患其不能也。）"君子只惭愧自己没有能力，不怨恨别人不了解自己。"（《论语·卫灵公》：君子病无能焉，不病人之不己知也。）"不要发愁没有职位，而要担心没有任职的本领；不要怕没有人了解自己，而要去追求足以使别人了解自己的本领。"（《论语·里仁》：不患无位，患所以立；不患莫己知，求为可知也。）

"欲"，就是贪欲，包括贪财贪色，贪权贪势。对自己想要的，不顾一切地去追求，而不顾及后果，即使做的是伤天害理之事也在所不惜。

这样的人，当然不被人喜欢。

除戒除克、伐、怨、欲四个毛病之外，领导者还要做到温和而严厉，有威仪而不凶猛，庄重而安详。《论语·述而》里记载："子温而厉，威而不猛，恭而安。"孔子的学生子夏也说一个领导者应该是这样一种风度：远远望着，让人觉得庄严可畏；向他靠近，使人感到温和可亲；听他的话，严厉不苟。《论语·子张》所谓："君子有三变：望之俨然，即之也温，听其言也厉。"

孔子进一步指出，领导与他人相处，要讲个"度"，这就是"风度"，这就是"和"。《论语·泰伯》里讲："恭而无礼则劳，慎而无礼则葸，勇而无礼则乱，直而无礼则绞。君子笃于亲，则民兴于仁；故旧不遗，则民不偷。"所以，孔子的弟子子路问道："君子崇尚勇敢不？"孔子回答："君子义以为上。君子有勇而无义为乱，小人有勇而无义为盗。"在孔子看来，义是君子最应该崇尚的。孔子批评子路太好勇，好勇的精神超过夫子本人，所以在孔子看来，子路除了胆大，没有什么可取之处。孔子一向认为，仁人一定勇敢，但勇敢的人不一定仁。（《论语·宪问》：有德者必有言，有言者不必有德。仁者必有勇，勇者不必有仁。）所以孔子一辈子最不喜欢谈论的就是四件事：怪异、勇力、叛乱和鬼神。

孔子的以上看法，与老子的看法接近。《老子》第七十三章："勇于敢则杀，勇于不敢则活。""天之道，不争而善胜，不言而善应，不召而自来，然而善谋。"

孔子在提到学生的弱点时，曾提到高柴愚笨，曾参迟钝，颛孙师偏激，仲由鲁莽。鲁国的大夫季文子每件事情都要考虑多次才行动，孔子听到后，说："想两次就可以了。"

有一次鲁国权臣季康子与孔子讨论弟子里面哪些人能够做领导。孔子在季康子面前说自己的学生子路（仲由）办事果断，当官没问题；子贡通情达理，当官没问题；冉求多才多艺，当官没问题。[季康子问："仲由可使从政也与？"子曰："由也果，于从政乎何有？"曰："赐也可使从政也与？"曰："赐也达，于从政乎何有？"曰："求也可使从政也与？"曰："求也艺，于从政乎何有？"（《论语·雍也》）] 看来，孔子很在乎一个从政者是否具有因当机立断带来的决断力，因心胸坦荡带来的凝聚力，因博学多才带来的业务能力。

在此基础上，孔子的弟子曾参认为领导者在待人接物方面应注意三个问题：严肃而不轻浮，就可以避免粗暴和懈怠；端正自己的面部表情，让人觉得可以信任；谈吐优雅，注意用词和语调，就可以避免庸俗荒谬。[曰：君子所贵乎道者三：动容貌，斯远暴慢矣；正颜色，斯近信矣；出辞气，斯远鄙倍矣。（《论语·泰伯》）] 总之，领导者对员工要多点温馨关怀，少些暴跳如雷，多换位思考，问问自己哪些方面做得不够，自然也就对他人多了一份宽容。

最后，孔子提出了考核领导者的四大标准：行为谦逊，尊敬上级领导，关心群众疾苦，用人符合道义。[子谓子产："有君子之道四焉：其行己也恭，其事上也敬，其养民也惠，其使民也义。"(《论语·公冶长》)]

根据马斯洛的需求论，一个人的需求是很多的，而且是有层级的，首先是生理需求，指吃饭、穿衣、住宅、医疗等；其次是安全需求，要求劳动安全、职业安全、生活稳定、希望免于灾难、希望未来有保障等；再次是社交需求，也叫归属与爱的需要，是指个人渴望得到家庭、团体、朋友、同事的关怀爱护和理解，是对友情、信任、温暖、爱情的需要；第四是尊重需求，包括自我尊重、自我评价，以及尊重别人；第五是自我实现需求，要求完成与自己能力相称的工作，最充分地发挥自己的潜在能力，成为人们所期望的人物。这就需要领导者充分考虑员工的各种需要，以此来最大限度地调动大家的积极性。

同时，领导者应该明白人无完人的道理，所以要尊重人才，用其所长。汉高祖刘邦曾总结说："夫运筹策帷帐之中，决胜于千里之外，吾不如子房；镇国家，抚百姓，给馈饷，不绝粮道，吾不如萧何；连百万之军，战必胜，攻必取，吾不如韩信。此三者，皆人杰也，吾能用之，此吾所以取天下也。项羽有一范增而不能用，此其所以为我擒也。"(见《史记·高祖本纪》)

如果说"礼"是与他人处理好关系的外在手段，那么，"诚信"就是其内在驱动力（为己诚、为人信），是维持长久人际关系的"定海神针"。"礼仪"是外功，"诚信"是内功。所以孔子强调："人而无信，不知其可也。"（见《论语·为政》）意为："做人如果不讲信誉，不知道他还能做什么。"孔子厌恶浮夸，厌恶一个人本来没有却装作拥有，本来空虚却装作充实，本来贫穷却装作富裕，孔子认为这种打肿脸充胖子的人，很难一心向善。《论语·述而》中记载孔子说："亡而为有，虚而为盈，约而为泰，难乎有恒矣。"

儒家所说的"诚"主要是针对自己。儒家要大家"慎独"，要多问问自己，做到问心无愧才行。孔子的高足曾子也说："吾日三省吾身：为人谋而不忠乎？与朋友交而不信乎？传不习乎？"（见《论语·学而》）曾子每天多次自我反省。儒家反复叮嘱大家：看见贤人，应当向他看齐；看见不贤的人，就应该反省自己有没有与他相同的毛病。（《论语·里仁》：见贤思齐焉，见不贤而内自省也。）反省是官员的必修课。《论语》记载无论是尧与舜的任前谈话，还是舜跟禹的任前谈话，抑或商汤和周王朝主要领导者的就职演讲，都提到要谨慎对待自己的一言一行，犯了错误不能推卸责任，甚至百姓犯错误，都应该在执政者身上找责任，这就是领导者的自我反省。[尧曰："咨！尔舜！天之历数在尔躬，允执其中！四海困穷，天禄永终。"舜亦以命禹。曰："予小子履，敢用玄牡，敢昭告于皇皇后帝：有罪不敢赦，帝臣不蔽，简在帝心！朕躬有罪，无以万方；万方有罪，罪在朕躬。""周有大赉，善人是富。""虽有周亲，不如仁人；百姓有过，在予一人。"（《论语·尧曰》）]

所以，《礼记·大学》里面专门讲到"诚"的内涵，就是不要自己欺骗自己，这就像一个人厌恶臭味、喜欢美丽的事物一样，是怎样就怎样，没有必要遮遮掩掩、自欺欺人。若要人不知，除非己莫为，别人在背后看你，把你的五脏六腑看得清清楚楚。所以一个人必须对自己讲求"诚"，做事问心无愧，而有这样的道德修养，自然就会体现在风度气质上。所以，君子在单独生活和工作时千万要谨慎，不要放纵自己，这就是"诚"。晚清著名政治人物曾国藩一生就是以诚为本，通过每天写日记而不断反省自己，通过请朋友审读自己的日记而不断提醒自己，立志做一个圣人与完人。

而讲不讲"诚信"，是区分君子与小人的重要标准。这里我顺便把儒家心目中"君子"和"小人"的意思说一说。

"君子"主要有两个意思：一是对统治者和贵族男子的通称，常与"小人"或"野人"对举；二是泛指德才出众的人。"小人"也主要有两个意思：一是指被统治者，二是人格卑鄙、识见浅狭的人。

所以，"君子"和"小人"的区别，既是领导者和被领导者的区别，也是道德修养上的区别。孔子提出了领导基础四字诀。他认为领导者要"拥有广博的知识，要主动进行实践，对家国要有忠心，与人交往要讲信用"，即所谓的"文、行、忠、信"。[子以四教：文、行、忠、信。(《论语·述而》)]

在儒家看来，"信"是领导者最重要的素养。只有讲信，才能得到下属的信任。孔子的弟子子夏说过，一个领导者因为自己讲信用而得到大家的信任。领导者必须得到下属的信任才能去动员他们，否则下属会以为你在折磨他们；下属必须得到信任才去向领导提意见，不然领导会以为你在毁谤他。[子夏曰："君子信而后劳其民；未信，则以为厉己也。信而后谏；未信，则以为谤己也。"（《论语·子张》）]

同时，领导者还有一个重要功能，就是既"领"且"导"，他应该具有道德导向和引领功能，他能够以身作则使下级和员工也讲求"信"，只有这样，一个单位才有希望，一个国家才有希望。所以，孔子提出领导要先抓三件事。有一次子贡向孔子问怎么担任领导，孔子说："使粮食够吃，使兵力充足，使老百姓讲信用。"子贡又问："不得已要去掉一个，先去哪一个？"答曰："去掉兵。"子贡又问："不得已再去掉一个，去哪一个呢？"答曰："去食。人自古皆有死，如果百姓不讲信用，这个国家就无法立足。"[子贡问政。子曰："足食，足兵，民信之矣。"子贡曰："必不得已而去，于斯三者何先？"曰："去兵。"子贡曰："必不得已而去，于斯二者何先？"曰："去食；自古皆有死；民无信不立。"（《论语·颜渊》）]

大家可能早就注意到，在汉字里面，"信"是个会意字，从"人"从"言"，因为古人认为一个人讲信用就体现在说话算数上，而这一点在领导者身上显得更加重要，所以孔子提出领导者要刚强、果决、朴质、言语谨慎。[子曰："刚、毅、木、讷近仁。"（《论语·子路》）]有一次，弟子子张向孔子请教怎么做官，孔子说要多听，不说没把握的话，有怀疑的地方加以保留，即使有把握，说话也要谨慎，如此就能少犯错误；

要多看，不做没把握的事，即使有把握，行动也要谨慎，如此就能减少后悔。说话少错，行动少悔，官职俸禄都在里面了。[子张学干禄。子曰："多闻阙疑，慎言其余，则寡尤。多见阙殆，慎行其余，则寡悔。言寡尤，行寡悔，禄在其中矣。"(《论语·为政》)]

为什么身为领导者言语要更加小心谨慎呢？话说多了，一来闲言碎语，会涉及对他人的评价，有谗言多嘴、搬弄是非之嫌；二来花言巧语，有欺骗对方、满足私利之意；三来谣言秽语，有恶语中伤、无中生有之弊。当有人对孔子弟子子贡说孔子其实并不怎么样，你子贡比老师更优秀时，子贡说了这样一句话："君子一言以为知，一言以为不知，言不可不慎也。"意思是：君子可以由一句话表现出他的智慧，也可以由一句话表现出他的不明智，所以说话不可以不谨慎（见《论语·子张》）。《论语·阳货》记载了孔子的话说："道听而途说，德之弃也。"所以，孔子认为一个有素养的领导者应该是谨言慎行的，"敏于事而慎于言，就有道而正焉。"（见《论语·学而》）

孔子为什么不喜欢一个人说话太多？因为在他看来，花言巧语会搞乱道德操守，即"巧言乱德"。《论语·学而》中记载孔子的话："巧言令色，鲜矣仁。"意即花言巧语、假装和颜悦色的人，很少有仁爱之心。孔子深以为耻的是花言巧语、假装和颜悦色、过度谦虚以谄媚于人（见《论语·公冶长》）。有人对孔子说："仲弓有仁德但没口才。"孔子说："要口才干吗？强嘴利舌的人同人家辩驳，让人讨厌。我不知道他是否称得上有仁德，但要口才干什么？"（见《论语·公冶长》）所以，孔子告诫君子："符合礼法的正言规劝，谁能不听从呢？但只有按它来改正自己的错误才是可贵的。恭顺赞许的话，谁听了不高兴呢？但只有认真推究它的真伪是非，才是可贵的。只是高兴而不去分析，只表示听从而不改正错误，对这样的人我实在是没有办法了。"[子曰："法语之言，能无从乎？改之为贵。巽与之言，能无说乎？绎之为贵。说而不绎，从而不改，吾未如之何也已矣。"（《论语·子罕》)]

此外，领导者说话要小心谨慎，是怕说了做不到，失去诚信。

孔子认为："其言之不怍，则为之也难。"（见《论语·宪问》）意思是领导者随意表态，轻易承诺，要兑现时就困难了。有一次，司马牛问孔子什么是儒家的最高修养"仁"，孔子的回答非常有意思："说话迟钝。"司马牛以为自己听错了，又问了一遍，孔子说："我没有说错啊，做起来不容易，说起来能够不迟钝吗？"（见《论语·颜渊》）孔子的弟子子路有一大优点，就是从来都遵守诺言，"子路无宿诺"（见《论语·颜渊》）。在孔子看来，言语忠信，行为庄重，即使到了别的国家，也行得通；言语欺诈，行为刻薄轻浮，就是在本乡本土，也行不通（见《论语·卫灵公》）。所以孔子感叹："古人不轻易说话，是怕自己说了却做不到。"（见《论语·里仁》）

在孔子看来，考察一个人，要听其言而观其行。孔子说过：有道德的人，一定有相应的言语，但是有相应的言语，却并不一定有相应的道德（见《论语·宪问》）。说得多、做得少，君子深以为耻。有这么一个故事：孔子的弟子宰予白天睡大觉。孔子说："他像朽木一样无法雕琢，像粪墙一样无法粉刷，我能拿他怎么样？"孔子又说："以前我看人，对方说什么，我信什么；现在我改了，看一个人时，听他怎么说，还要看他怎么做。是宰予让我改了过来。"[子曰："始吾于人也，听其言而信其行；今吾于人也，听其言而观其行。于予与改是。"（《论语·公冶长》）]《论语·卫灵公》记载孔子的话："君子不以言举人，不以人废言。"意思是君子不因别人的话说得好就提拔他，也不因别人有缺点就废弃他的意见。《论语·为政》记载子贡问孔子怎样才算是君子，孔子说："先行其言而后从之。"意思是先去践行自己想要说的话，等做到以后再把它说出来。

　　诚实守信，实际上是一种操守，而"操守"是每个官员的必备素质。在选人用人上，司马迁也讲过当年李悝为魏文侯选人时拟定的五项标准：看看他平常都与哪些人关系亲密，富裕的时候看看他帮助过什么人，官运亨通的时候看看他举荐过什么人，不得志的时候看看他哪些事坚决不做，没有钱的时候看看他哪些东西坚决不拿。（《史记·魏世家》：居视其所亲，富视其所与，达视其所举，穷视其所不为，贫视其所不取。）诸葛亮则提出七大观人法："通过他对大是大非的辨别，看看他的志向如何；考考他口才辩论，看看他的应变能力如何；问问他谋略计划，看看他的鉴别能力如何；告诉他祸患灾难，看看他的勇气如何；试试他的酒量，看看他酒后真性如何；拿利益好处诱惑他，看看他是否廉洁不贪；跟他约定一件事情，看看他是否讲信用。"(《诸葛亮集·知人性》：然知人之道有七焉：一曰问之以是非而观其志，二曰穷之以辞辩而观其变，三曰咨之以计谋而观其识，四曰告之以祸难而观其勇，五曰醉之以酒而观其性，六曰临之以利而观其廉，七曰期之以事而观其信。)

这一标准同样适用于择友。孔子很注重领导者的朋友圈，其选拔干部的三项原则之一就是看这个人交友如何。孔子主张交友要交"雅友"，《论语·颜渊》中所谓"君子以文会友，以友辅仁"。在孔子看来，考察一个人所结交的朋友，观察他为达到一定目的所采用的方式方法，了解其态度和心情，安于什么不安于什么，那么，我们对这个人基本上就有所了解了。[子曰："视其所以，观其所由，察其所安。人焉廋哉？人焉廋哉？"(《论语·为政》)]在《论语·季氏》里，孔子谈到领导者的交友之道："益者三友，损者三友。友直，友谅，友多闻，益矣；友便辟，友善柔，友便佞，损矣。"什么是"益友"呢？正直的，信实的，博学的。什么是损友呢？爱说奉承话的，当面夸人背后诽谤的，花言巧语、夸大其词的。

领导者怎样与下级或员工沟通？关键是要站在对方的角度想一想，要善于换位思考。曾子说孔子的为人准则是"忠""恕"两个字。那么，究竟什么是"忠"和"恕"呢？"忠"就是给别人带来好处，"恕"就是不给别人带来坏处。"忠"就是尊重对方、帮助对方，"恕"就是理解对方、不伤害对方。

"忠"是对别人忠诚。孔子把"忠"看作最高道德修养"仁"的一个组成部分。《论语·子路》记录"樊迟问仁",孔子回答道:"居处恭,执事敬,与人忠。虽之夷狄,不可弃也。"在孔子看来,一个人要是态度稳重端庄,工作严肃认真,为人忠心耿耿,就是到了边远的地区,也不能背弃。所以当孔子的弟子问怎样从政时,孔子说:"居之无倦,行之以忠。"(见《论语·颜渊》)意即从政就要勤奋地工作,执行政令时就要忠心耿耿。当孔子的弟子问如何提高品德、辨别疑惑时,孔子说道:"坚守忠信诚实,唯义是从,这样就可以提高品德。喜欢一个人时就希望他长寿,等讨厌这个人时就恨不得他马上死去。一会儿要他长寿,一会儿要他短命,这便是迷惑。这样做对自己毫无好处,只会让人觉得奇怪。"[子张问崇德辨惑。子曰:"主忠信,徙义,崇德也。爱之欲其生,恶之欲其死。既欲其生,又欲其死,是惑也。'诚不以富,亦祇以异'。"(《论语·颜渊》)]

"忠"后来构成忠诚、忠心、忠义等复合词,体现的是对某个人、某个对象、某种信念坚贞不变的情怀,甚至是至死不渝的。这就是一种"志",也就接近或达到儒家"仁"的境界了。

汉语中有一个词——"有志之士",可见古人把"志"看得非常重要。在我看来,"志"就是对某个人、某个对象、某种道义至死不渝的"忠"。孔子的弟子曾参说过:"可以把幼小的孤儿和国家的命运托付给

《孔子圣迹图》之《四子侍坐》

他，在生死存亡的紧要关头，却不动摇屈服，这种人是君子吗？当然是君子啊。"（见《论语·泰伯》）孔子则说："志士仁人，无求生以害仁，有杀身以成仁。"志士仁人，不会贪生怕死而损害仁德，只会勇于牺牲来成全仁德（见《论语·卫灵公》）。

在孔子心目中，三军可以改变统帅，但是普通人的那份志向是改变不了的。（《论语·子罕》：子曰："三军可夺帅也，匹夫不可夺志也。"）只有到了天寒地冻的时刻，才能够见证松柏最后的凋零。曾参说过："士不可以不弘毅，任重而道远。仁以为己任，不亦重乎？死而后已，不亦远乎？"（见《论语·泰伯》）意思是士不可以不刚强而有毅力，因为他肩负重任但路途遥远。他以实现仁德于天下为己任，难道责任不重大吗？至死方休，难道不遥远吗？孔子有句名言："朝闻道，夕死可矣。"意思是早晨得知真理，当晚死，孔子也在所不惜。士有志于道，但是又以吃粗粮、穿破衣为耻辱，这种人不值得与他谋事。

"恕"就是推己及人，己所不欲，勿施于人。有一次，孔子的弟子子贡问："有一句话可以作为一辈子的座右铭么？"孔子道出了这句千古名言："己所不欲，勿施于人。"（见《论语·卫灵公》）即，你所不愿意的，就不要强加到别人身上。还有一次，子贡对孔子说："我不欲人之加诸我也，吾亦欲无加诸人。"即，我不愿被迫做自己不愿做的事情，我也不愿强迫别人去做。孔子说："赐也，非尔所及也。"（见《论语·公冶长》）意思是这不是子贡你能做到的。在孔子看来，要做到这一点真不容易！

因此，孔子认为一个领导者要多反省自己，而少责备别人，这样一来，就不会招来怨恨了，"躬自厚而薄责于人，则远怨矣"（见《论语·卫灵公》）。

正因为领导者要讲"忠""恕"，要学会换位思考，所以孔子提出领导必须以身作则，才能理解疾苦，才能起到表率作用，从而正确决策和管理。

有一次，孔子的弟子子路问孔子从政之道。孔子说，第一，要起到带头作用；第二，要使百姓勤劳工作；第三，自己要勤政，"先之劳之"（见《论语·子路》）。可见领导者的带头作用非常重要。在孔子看来，一个领导者自身端正了，不下命令大家也会按照他的意思办事；如果自己不端正，就是下了命令，下级和员工也不一定执行。(《论语·子路》："其身正，不令而行；其身不正，虽令不从。") 所以，孔子认为从政最要紧的是"正"，如果自己"五毒俱全"，非议不断，怎么去领导别人呢？汉语里"从政"的"政"，左边是个"正"字，就是要求领导者自己要先端正，领导者端正了，还有谁不端正呢？《论语·颜渊》中讲道："政者，正也。子帅以正，孰敢不正？"

鲁国的权臣季康子苦于国内盗贼太多，于是向孔子求教如何治理这些盗贼。孔子回答说："假若你不贪求太多的财货，就是奖励别人去偷抢，他们也不会干。"（见《论语·颜渊》）在孔子看来，从政并不一定要苛刻的严刑峻法，更不可大肆杀戮。"君子之德风，小人之德草。草上之风必偃。"他说，领导者的作风好比风，老百姓的作风好比草，风向哪边吹，草就向哪边倒（见《论语·颜渊》）。孔子曾经发出这样的感叹："领导者讲究礼节，老百姓就没有人敢不尊敬；领导者行为正直，老百姓就没有人敢不服从；领导者讲究诚信，老百姓就没有人敢不说实话。"(《论语·子路》：上好礼，则民莫敢不敬；上好义，则民莫敢不服；上好信，则民莫敢不用情。)

孔子的勤政也是出了名的，用今天的话说，简直就是个"工作狂"，连他自己都评价说"发愤忘食，乐以忘忧，不知老之将至"（见《论语·述而》）。其实，作为领导者，就应该有一双能看到未来的眼睛，有一双能提供变化和控制变化的手，有一张能表达团体意愿和价值观的嘴巴，有一对能听进不同声音的耳朵，有两条走遍工作岗位而不知疲倦的腿。领导者应该有政治责任、法律责任、道德责任和工作责任。无论是决策还是用人，领导者与上下级的沟通与协调（信息、组织、行为）、领导者的示范与激励都是非常重要的。

领导者要求大家听我说、看我做、跟我干，与下级沟通之后，就不可以瞎折腾，而是追求简单化。孔子的弟子仲弓问子桑伯子这个人怎么样，孔子说："他人不错，办事简约。"仲弓就说："居敬而行简，以临其民，不亦可乎？居简而行简，无乃大简乎？"心存严肃认真，而以简单行之，抓大体不烦琐，这就是很好的管理办法。

学为先

西方学者认为，儒家主要关注三件事：教育、礼仪、上下级之间的关系以及这种关系给双方带来的实际好处。教育的重要性在于，通过学习经典，每个人都可以效法古代的正人君子，在言行上无疵；礼仪的重要性在于每个人都可以通过一整套美好的行为习惯继承古人，在言行上无瑕；而上下级有区分，在言行上就会无误。这中间，"教育"是排在第一位的，人从生到死，一直都是在学习中度过的，是终身学习，是学习型人生。

那么，儒家的"学为先"，主要体现在哪些方面呢？

首先，"学为先"，是学习做人，学习怎样与人处理好关系，而不一定局限于专业知识和技能。因为要做事先做人，所以孔子的弟子子夏这样讲过："贤贤易色；事父母，能竭其力；事君，能致其身；与朋友交，言而有信。虽曰未学，吾必谓之学矣。"对于具有这些良好品德的人，子夏认为，他们是学习过的。

正因为学习首先是学与人打交道，所以，在孔子看来，不学习有六大坏处。孔子说："爱仁德不爱学问，就会被人愚弄；爱耍聪明不爱学问，就放荡而没有基础；爱诚实而不爱学问，就会被人利用而害了自己；爱直率却不爱学问，说话就尖刻刺痛人；爱勇敢却不爱学问，就会捣乱闯祸；爱刚强而不爱学问，就会胆大妄为。"（《论语·阳货》：好仁不好学，其蔽也愚；好知不好学，其蔽也荡；好信不好学，其蔽也贼；好直不好学，其蔽也绞；好勇不好学，其蔽也乱；好刚不好学，其蔽也狂。）

其次，"学为先"，既要向书本学，又要向他人学，还要学以致用。学习的对象绝不能只是书本，更要向人学，包括成功的人和失败的人。在《论语·学而》里，孔子开宗明义就讲："学而时习之，不亦说乎？有朋自远方来，不亦乐乎？人不知而不愠，不亦君子乎？"前一句说做事，强调要学以致用；后两句说做人，强调要与人打交道，要跟人学，一个人如果死读书（读死书、读书死）而没有朋友，那么最终还是孤陋寡闻。很多人一起走，其中一定有能做我老师的。比我优秀的，我要学习他的优点和长处；不如我的，我要引以为戒，千万不要让他犯过的错误在我的身上重现。[子曰："三人行，必有我师焉；择其善者而从之，其不善者而改之。"（《论语·述而》）]所以，在进行激励教育的同时，可以多些警示教育和危机教育。因为痛苦的经历，往往比快乐的经历更能够给人留下深刻印象。

儒家不反对犯错误，只要改了就是好的，犯了错误不需要找借口。犯了错误而不改正，那才是真正的错误。孔子说他一辈子最担忧的事情有四个：第一是不培养品德；第二是不讲习学问；第三是听到义在那里，却不能亲身赴之；第四是不改正缺点。"德之不修，学之不讲，闻义不能徙，不善不能改"（见《论语·述而》）。因此，孔子提倡自我批评，孔子的弟子子夏说过："小人之过也，必文。"（见《论语·子张》）意为只有小人对错误才加以掩饰。孔子甚至感叹："吾未见能见其过而内讼者也。"（见《论语·公冶长》）意思是孔子自己都没见过明知有错而能自我批评的人。孔子的弟子子贡提醒大家："君子之过也，如日月之食焉。"（见《论语·子张》）子贡说，对于自己所犯的错误也应该有君子风度。首先，要正视它，不要回避遮掩。犯了错误，好比日食月食，大家都看得见，遮是遮不住的，只要改了，大家都会佩服。关键是不能犯两次同样的错误。这就是领导者的示范作用，也是一种品德。孔子说："领导者用此类道德来治国理政，自己便会像北极星一样，所有的星辰都环绕着它。"［子曰："为政以德，譬如北辰，居其所而众星拱之。"（《论语·为政》）］孔子赞美自己的得意门生颜回最大的两个优点就是："不迁怒，不贰过。"就是不把怒气转移到别人身上，不犯两次同样的错误（见《论语·雍也》）。孔子的人生四忧是：品德不培养，对学问不钻研，听到好人好事不能跟着做，犯了错误不能及时改正，即"德之不修，学之不讲，闻义不能徙，不善不能改，是吾忧也"（见《论语·述而》）。孔子说有一种人，不了解情况就贸然行事，但他不会这样做的。孔子本人"多闻，择其善者而从之，多见而识之，知之次之"（见《论语·述而》），即，多学，多听，多看，把好的经验牢记在心。曾国藩在日记中这样写道："人有善，则取以益我；我有善，则与以益人。连环相生。"

再次，"学为先"，就是要边学习，边反思，边创新实践。

在先秦，最强调学习的可能要算儒家了，儒家的重要典籍《礼记·中庸》非常看重学习、思考、鉴别、实践。原文说："博学之，审问之，慎思之，明辨之，笃行之。有弗学，学之弗能，弗措也。有弗思，思之弗得，弗措也。有弗辨，辨之弗明，弗措也。有弗行，行之弗笃，弗措也。人一能之，己百之；人十能之，己千之。果能此道矣，虽愚必明，虽柔必强。"

在孔子的弟子里面，子夏是个优秀的学生，也是个学者。他说自己："每天知道所未知的，每月复习所掌握的，这就是好学了。"（《论语·子张》：日知其所亡，月无忘其所能，可谓好学也已矣。）在儒家看来，广泛学习,坚守自己的志趣,恳切发问,多考虑当前的问题,仁德就在中间了。(《论语·子张》:博学而笃志,切问而近思,仁在其中矣。)而坚守正是君子与非君子的区别。"学而不思则罔,思而不学则殆",孔子认为,只是学习,却不思考,就会迷惑;只是思考,却不读书,就会精神疲倦而无所得(见《论语·为政》)。孔子曾经这样剖析自己:"我曾经一整天不吃饭,一整夜不睡觉,用来思考问题,其实我做错了,不如多学习有关知识。"[子曰:"吾尝终日不食,终夜不寝,以思,无益,不如学也。"(《论语·卫灵公》)]

最后,"学为先",就是要活到老学到老,学到老用到老,也就是要有终身学习的理念。

说得更具体点,就是要无时、无处、无人不学。有一次,卫国的公孙朝向子贡发问:"孔仲尼的学问是从哪里学来的?"子贡回答:"周文王和周武王的大道,没有随着他们的死亡而被埋在地下,仍然在人间流传着。有大才大德的人记得那些大的方面,没有大才大德的人还记得那些细小的方面,没有人丝毫不受文王和武王大道的影响。我的老师没有什么不学习,而且哪里有固定的老师呢!"(见《论语·卫灵公》)在儒家看来,世间所有的人都有值得自己学习和借鉴的地方,所以必须谦虚好问。有一次,孔子到了周公庙,每件事情都发问,有人便说:"谁说叔梁纥的这个儿子懂得礼呢?他到了太庙,每件事情都要向人请教。"孔子听到这话说:"这正是礼啊。"(见《论语·八佾》)《论语》里还记载了这样一个故事：有一次，孔子的弟子子贡问孔子："孔文子为什么死后被赐予'文'的称号呢？"孔子回答："敏而好学，不耻下问。"此人聪敏好学，有勇气向地位和德才都不如自己的人请教，不认为那是件丢人的事（见《论语·公冶长》）。孔子的高足子夏叮嘱道："仕而优则学，学而优则仕。"意即对于行政者来说，做官了，有余力便去学习；学习了，有余力便去做官（见《论语·子张》）。在孔子看来，"学如不及，犹恐失之"，意即学习如同赛跑，唯恐赶不上，赶上了，又怕被超越（见《论语·泰伯》）。

在儒家看来，学习的内容有很多，"君子食无求饱，居无求安，敏于事而慎于言，就有道而正焉，可谓好学也已"。比如，不要在吃住方面贪图安逸，要谨言慎行，要向有道的人学习，不断地充实和修正自己（见《论语·学而》）。孔子认为君子不稳重就不会有威严，学习就不会稳固。这其中的"稳重"很重要，这是一个人最重要的素质。道家的老子也很看重这一点，他说："重为轻根，静为躁君。"重是轻的根本，静是动的宗主。所以，君子行军时整日不离开辎重，途中虽然有佳境美景，也超然不为所动。作为万乘之国的君主，怎么能够追求一身的快乐而把天下看轻了呢？轻率而不稳重，就失去了根本；躁动而无静止，就失去了宗主（见《道德经》第二十六章）。在此基础上，孔子提倡领导者一定要内外兼修、文质彬彬，也就是说，既要有美好的品德——质，又要有良好的礼节、气质和风度——文，即做一个腹有诗书、风度儒雅的领导。

孔子说一个领导者、一个有修养的人应该注意：如果朴实多于文采，就未免粗野；如果文采多于朴实，又未免轻浮。文采和朴实，配合得当，这才是君子。(《论语·雍也》：子曰："质胜文则野，文胜质则史。文质彬彬，然后君子。")用儒家的原话讲，就是"文质彬彬"。"文质彬彬"中的"文"，包括的范围很广，指一个人的综合素质，既指礼节、气质、风度，也包括文学、艺术诸方面素养。卫国有一位名叫棘子成的行政官员问孔子的学生子贡："一个有道德修养的领导者只要有好的本质就够了，要那些文采、那些仪节、那些形式干什么？"子贡说："您这样说就完全错了。一言既出，驷马难追，说话要慎重啊。本质和文采，是同等重要的。这就好比您将虎豹和犬羊两类兽皮上美丽的毛拔去，那这两类皮革就没有什么区别了。"[棘子成曰："君子质而已矣，何以文为？"子贡曰："惜乎，夫子之说君子也！驷不及舌。文犹质也，质犹文也。虎豹之鞹犹犬羊之鞹。"(《论语·颜渊》)]俗话说"腹有诗书气自华"，所以孔子非常强调学习，包括文化课的学习。《论语·季氏》里记载了孔子给自己的儿子布置的两门家庭作业，一门是《诗经》，一门是礼仪。孔子的原话是："不学《诗》，无以言。""不学礼，无以立。"为什么要学习《诗经》？因为，在当时，《诗经》可以培养人的联想力，提高观察力，锻炼合群力，还可以提高规劝能力，对侍奉父母、与上级沟通也有帮助，还可以作为识字课本来读。[子曰："小子何莫学夫《诗》？诗，可以兴，可以观，可以群，可以怨。迩之事父，远之事君；多识于鸟兽草木之名。"(《论语·阳货》)]

孔子提醒道，您要做一个好领导吗？还是要讲文化品位的，特别是懂点高雅艺术，这是有好处的。孔子说有三种现象最可恨：紫色夺去大红色的正统地位，靡靡之音破坏了典雅音乐的主流色彩，强嘴利舌影响国家的正常风气（见《论语·阳货》）。有一次孔子的得意门生问老师怎样当一个领导者，孔子说："用夏朝的历法，坐殷朝的车子，戴周王朝的礼帽，音乐要用《韶》和《武》这样的高雅曲调，要丢掉郑国的乐曲，斥退和远离奸佞之人。因为郑国的乐曲是靡靡之音，格调低下淫秽，而奸佞之人则是非常危险的。"（见《论语·卫灵公》）孔子的弟子曾参也曾说过："君子以文章学问来聚会朋友，用朋友来帮助自己培养仁德。"（见《论语·颜渊》）

通过以上叙述，孔子心目中完美的领导者形象出炉了，即智慧、不贪、勇敢、多才多艺、懂得礼乐。看到利益要考虑该不该得，每天不忘记自己对他人许下的承诺。

学习的重要性，还可以从中国历史上两位传奇帝王身上体现出来。

一位是汉高祖刘邦。他临终前写下《手敕太子书》，说自己平生没读过多少书，因此文辞不大工整，但还算能够表达自己的思想。现在看太子你写的东西，竟还不如我，所以你应当勤奋学习，公文应该自己写，不要让别人代笔。

另一位是唐太宗李世民。唐太宗曾对中书令岑文本说："人虽然有一定的天赋，但是必须博学才能有所成就。就好比蜃的本性含有水，但是要见到月光才能够吐水；木的本性含有火，但要靠燧石敲打才能够着火。人虽然有灵气，但是要通过学习才能够得到完善。所以历史上有苏秦刺股读书、董仲舒放下帷帐讲学的美谈。不读书，就不能成就一番事业。"岑文本也深有同感地回答："人的本性都很接近，但是情志千差万别，必须用学习来提高修养。《礼记》说：'玉石不经雕琢就不会成为器具，人不学习就不懂得道理'，所以古人以勤于学习为美德。"

第四讲　道家篇

一　道家为什么对管理在行

道家也主张修身、齐家、治国、平天下，只不过是用"道"来完成的。老子这样说过，以道修身，他身上的德才纯真。以道治家，他的德才充实有余。以道治乡，他的德才增长。以道治国，他的德才丰满。以道治理天下，他的德才周全。所以，将上面的道理用于一身，则知一身；用于一家，则知一家；用于一乡，则知一乡；用于一国，则知一国；用于天下，则知天下。我从何知晓天下之事呢？就是从这里。(《老子》第五十四章：善建者不拔，善抱者不脱。子孙以祭祀不辍。修之于身，其德乃真。修之于家，其德乃余。修之于乡，其德乃长。修之于邦，其德乃丰。修之于天下，其德乃普。故以身观身，以家观家，以乡观乡，以邦观邦，以天下观天下。吾何以知天下然哉？以此。河上公注：善以道立身立国者，不可得引而拔之。）

道家对领导和管理之术为什么那么在行？道家为什么绝非政治上的等闲之辈？

原来，道家的老祖宗们就是史官，那时候的史官就是中央王朝办公机构的人员。他们不仅懂过去的历史，更要记录当朝当下的人和事，所以非常懂政治，懂管理，懂得兴衰存亡的道理。他们看得多了，听得多了，算是政治上的明白人。道家的著作《道德经》虽然只有五千个汉字，但是几乎字字句句都是围绕管理来谈的。这不奇怪，中国古代的重要经典往往都是围绕怎么做人、怎么管理人这两个方面来展开的，道家绝对是管理艺术，只不过是一种举重若轻、以柔克刚的管理艺术。道家的管理来得更高妙，笔者认为：

道家是老道的政治家（道家以天性管人、悟性管人）

儒家是忠厚的政治家（儒家以感性管人、柔性管人）

法家是理性的政治家（法家以理性管人、刚性管人）

兵家是聪慧的政治家（兵家以知性管人、弹性管人）

这里需要说一句题外话：历代的统治者，虽然说自己崇尚儒家、法家或道家、兵家，其实，往往是吸收了各家的元素和营养。纵观中国历史，成熟的政治家和管理者们往往是将儒家、法家、道家、兵家这几副"中药"放在一起用，没有哪一种学问能够包医百病、包打天下的。

现在，老子的《道德经》已经成为除《圣经》以外全球翻译量最大的文献。有时候，我们遇到来华的外国人，或者在外国人的书斋里，看到他们有关中国学问的必备书籍就是一本《道德经》。特别是以哲学见长的德国人，更是喜欢老子。德国哲学大师尼采说，《道德经》像一口永不枯竭的井泉，满载宝藏，放下汲桶，唾手可得。德国哲学大师黑格尔，对孔子和儒家学问说三道四，认为那都是些枯燥的伦理教条，但是他对道家不敢乱说。西方人认为老子的学问很简洁，很高深，特别是老子的辩证法思想，与西方哲学很接近，很对路。所以，在他们心里，中国的老子最有学问。

"老子"这个人，究竟是何许人也？

"老子"这个称呼，字面的意思就是"年老的先生"。所以，"老子"肯定是个老年人。据说他的真实姓名是李耳，是周王朝的史官或管理图书的官吏（一说相当于周王朝国家图书馆馆长）。其实"史官"和"管理图书的官吏"本来就不分家，他们当时都在中央行政机构的核心阶层工作，甚至与天子朝夕相处，他们不只是行政管理的看客，更是直接参与者和决策者。那时候，很多史官奋笔直书，原汁原味地记录当时昏君庸臣的行为，即便招来杀身之祸也决不妥协，所以中国古代的史官中多的是有骨气的人。

明·唐寅·《老子图》

"老子"可能是楚国人,《道德经》里有很多南方文化的色彩,比如崇拜水。而孔子、韩非子、孙子都是北方人。至于老子的时代,根据汉代历史学家司马迁的说法,他跟孔子同时或者稍早。据说孔子到周地去,向老子请教"礼",老子却连带教训、连带挖苦地对孔子讲道:"你所说的人,骨头都已经腐烂了,只有他们的陈词滥调还在。何况一个真正的聪明人,恰逢其时就大干一番,生不逢时就随遇而安。这世上最有钱的商人往往深藏不露,最有本事的人往往大智若愚。你身上有一股骄傲自满之气,还有一股贪欲和淫气,我劝你赶快去掉吧,这些对你没有任何好处。"孔子度量非常大,他离开老子后,不仅没有生气,反而对自己的弟子说:"今天见到老子,就像见到龙一样。"在孔子心目中,老子是一个"高人",一个神龙见首不见尾的"高人"。(《史记·老子韩非列传》:孔子适周,将问礼于老子。老子曰:"子所言者,其人与骨皆已朽矣。独其言在耳。且君子得其时则驾,不得其时则蓬累而行,吾闻之,良贾深藏若虚,君子盛德,容貌若愚,去子之骄气与多欲,态色与淫志,是皆无益于子之身。吾所以告子,若是而已。")《史记·老子韩非列传》中的这个故事就更有震撼力了,老子成为了孔子的道德导师。鲁南宫敬叔言鲁君曰:"请与孔子适周。"鲁君与之一乘车,两马,一竖子俱,造周问礼,盖见老子云。辞去,而老子送之曰:"吾闻富贵者送人以财,仁人者送人以言。吾不能富贵,窃仁人之号,送子以言。曰:'聪明深察而近于死者,好议人者也;博辩广大危其身者,发人之恶者也。为人子者毋以有己,为人臣者毋以有己。"孔子自周返于鲁,弟子稍益进焉。想来孔子的修养真是高。《史记·老子韩非列传》中记载当年老子痛骂他,他不冒火,反而在背后把老子赞美一顿;《论语·阳货》中记载他被大野心家阳货骂了一顿,他很有君子风度,不对骂;《论语·宪问》《论语·微子》中记载他周游列国的路上被楚人骂一顿,而且是当着他的弟子面骂他"四体不勤、五谷不分",骂他明知不可为而为之,他也不冒火,反而叫弟子去打听此人姓甚名谁以便请教。

老子这个人很强调自我品德的修炼,他在周王朝的权力核心阶层看多了,看久了,也就看淡了,什么都明白了。他看不惯周王朝的君臣们搞的那一套,他自己是一个政治管理上的不得志者,当周王朝日薄西

东汉孔子见老子画像砖

山、气息奄奄的时候,当周王朝像秋后的蚂蚱——没有几天活期之时,他也就萌生去意。老子一路走,走到关口,被一位守关之人拦住,此人不向他索要金银财宝,而向他索要墨宝。此人诚恳地对他说:"老先生,你马上就要隐居了,一定要为我写书。"老子一挥而就写了《道德经》。

老子的生平简直是一本"糊涂账",司马迁在《史记》里为老子立传,只有四百字的笔墨,而且多处使用"有人说""大家也不知道这种传说是对是错"之类的话。连司马迁都弄不清老子的来龙去脉,可见老子这位老人家真是神龙见首不见尾。

二 老子从政三宝

道家创始人老子的《道德经》,虽然只有五千言,却蕴含着丰富的领导之策、管理之道。老子在行政管理和领导艺术上究竟有哪些富有含金量的见解呢？用三个字来概括："慈""俭""柔"，或者全称为"慈政""俭政""柔政"。笔者认为这是老子从政的三大法宝。老子在《道德经》一书中就是这样说的："我有三宝，持而保之。一曰慈，二曰俭，三曰不敢为天下先。"

汉代历史学家班固在《汉书·艺文志》中曾经这样评价道家："道家者流，盖出于史官，历记成败存亡祸福古今之道，然后知秉要执本，清虚以自守，卑弱以自持，此君人南面之术也。"意思是：道家来自史官，它详细记录历代政治的成败存亡祸福古今之道，主张在工作中坚持大原则，抓主要矛盾，主张清心、虚心、静心，把握好自己，主张低调卑弱，严格要求自己。道家这一套完全是一个国家领导者的管理之道啊。(《汉书·艺文志》：道家者流，盖出于史官。历记成败存亡祸福古今之道。然后知秉要执本，清虚以自守，卑弱以自持，君人南面之术也。合于尧之克攘，《易》之嗛嗛，一谦而四益，此其所长也。及放者为之，则欲绝去礼学，兼弃仁义，曰独任清虚，可以为治。)

这最后一句话，鲜明地告诉我们："道家"讲的是领导和管理艺术。

慈

先说"慈"。"慈"从字面上分析，与"心"有关，老子强调一个领导者对所管理的人不要太狠，不要做得太绝了。所以，从这个意义上讲，说老子是一个慈祥的老人也不为过。

"慈"是什么意思呢？《诗·大雅·皇矣》："克顺克比。"《左传·昭公二十八年》："慈和遍服曰顺，择善而从曰比。"孔颖达《毛诗正义》中解释："上爱下曰慈。"《礼记·曲礼上》："兄弟亲戚称其慈也。"孔颖达注疏："慈者，笃爱之名。"韩非子对老子颇为推崇，他是中国历史上早期解释老子思想的学者之一，他解释老子的"慈"颇有道理："对子女慈爱的人不敢让孩子缺衣少食，爱惜身体的人不敢违反法度，爱惜方圆的人不敢放弃规矩。所以遇到战争能够爱惜下级和士兵，就能战胜敌人；爱惜兵器装备，就可以固守城池。所以老子说：'慈，用于战争，就能取胜；用于防御，就能固守。'"（《韩非子·解老》：慈于子者不敢绝衣食，慈于身者不敢离法度，慈于方圆者不敢舍规矩。故临兵而慈于士吏则战胜敌，慈于器械则城坚固。故曰："慈，于战则胜，以守则固。"）

围绕"慈"，老子提出以下忠告：一定要顺应人的个性，自然而教，取其所长而用之。世人均为可用之人，世物均为可用之物。老子说过："圣人就是这样一直善于拯救世人，没有人被弃之不顾；一直善于挽救万物，没有物被弃之不顾。这就叫承袭、传递光明。所以说，善人是不善之人的老师，不善之人亦是善人的借鉴。如果不尊重老师，不珍爱借鉴，虽然有小智，也会严重迷失方向，这就是精要玄妙的道理所在。"（《道德经》第二十七章：是以圣人常善救人，故无弃人；常善救物，故无弃物。是谓袭明。故善人者，不善人之师；不善人者，善人之资。不贵其师，不爱其资，虽智大迷，是谓要妙。）请注意，老子在此用了一个"救"字，人在哪两种情况下需要救？一是自己的生命出现问题的时候需要挽救，二是自己的前途命运出现问题的时候需要拯救。世界上没有不可救之人，这一点，也考量着古往今来管理者的胸怀。老子的胸怀是能够海纳百川的，不只是优秀人才值得珍惜，即使是犯了错误的后进之人，也是值得包容的。他们所犯的错误，可以给大家提个醒，从这个意义上讲，他们走过的弯路也是我们的一笔财富。这与儒家的"三人行，必有我师焉，择其善者而从之，其不善者而改之"颇有相合之处。

在老子的心目中，这个世界没有一个人是多余的，也没有一件东西是多余的，关键是管理者能否发现其所长，并且用其所长。人才不是没有，关键是缺少发现。一个口齿伶俐的人，可以做宣传营销工作；一个言语谨慎之人，可以做组织人事工作；一个心思细致的人，可以做财务会计工作；一个文笔流畅之人，可以做秘书工作……司马迁曾经在《史记》中记载了这样一个生动的故事：管仲是一位杰出的管理国家事务的人，他辅佐齐桓公成为一代霸主。但是管仲也有很多毛病，这是管仲自己亲口说的。在他的好朋友鲍叔牙的追悼会上，管仲向前来悼唁的宾客爆猛料："我当初浪迹江湖不得志，与鲍叔牙合伙做买卖，分红利时，总偷偷给自己多分一些，鲍叔牙却不认为我贪便宜，因为他知道我贫困。我替鲍叔牙谋划事业，但是事事不顺，我也更加困窘，鲍叔牙却不认为我笨，而是知道我做事的外因不成熟。我曾多次做官又多次被国君赶走，鲍叔牙却不认为我没有才能，而是知道我没遇到好的伯乐。我曾经三次在打仗时不积极参战，想当逃兵，鲍叔牙却不认为我胆小，而是知道我家中有老母亲需要赡养。我的主子公子纠失败了，召忽为他而自杀，我却忍受囚禁受辱而不自杀，鲍叔牙不认为我没有羞耻之心，而是知道我不以小节为耻，而以功名不显于天下而感到羞辱。生我的人是父母，真正了解我的人是鲍叔牙啊。"（见《史记·管晏列传》）

史书记载，鲍叔牙侍奉齐国公子小白，管仲侍奉小白的庶兄公子纠，等到小白继位成为齐国最高领导者齐桓公的时候，公子纠被杀，管仲被拘禁。于是鲍叔牙向齐桓公推荐管仲。管仲被任命为相，在齐国主政，齐桓公因此称霸诸侯，这些都是管仲的功劳，甚至连孔子也赞美管仲"如其仁，如其仁"。

其实，孔子也是一个提倡依据每个人的特长而任命官职的人。有人问孔子："您的三个学生子路、冉求、公西赤算得上'仁'吗？"孔子说，"这三个人算不算得上'仁'我不敢说，但是子路可以负责兵役和军政管理工作，冉求可以去当县长或者总管，公西赤可以去接待外宾。"（见《论语·公冶长》）

著名翻译家傅雷为法国作家罗曼·罗兰《约翰·克利斯朵夫》所写的《译者献辞》中有这样一段话："真正的光明决不是永没有黑暗的时间，只是永不被黑暗所掩蔽罢了。真正的英雄决不是永没有卑下的情操，只是永不被卑下的情操所屈服罢了。所以在你要战胜外来的敌人之前，先得战胜你内在的敌人；你不必害怕沉沦堕落，只消你能不断地自拔和更新。"当有人对孔子说管仲不为当年的主子公子纠殉死，反而为敌人公子小白所用时，孔子语重心长地说道：看人要看大的方面，管仲辅佐齐桓公，成为春秋时代的霸主，"民到于今受其赐"，齐国老百姓直到今天还在享受他带来的恩惠（见《论语·宪问》）。所以，我们的评价体系也应当公允，评价一个人不能够斤斤计较于他的小节小信，而要看大的或总体的方面。所以，一流的领导者都对自己的下属和员工有一份包容之情、疼爱之心。

老子所言，实际上涉及人力资源配置，也就是人才潜能的激发问题。这就使我们想到佛教寺庙里有弥勒佛，还有韦陀菩萨。前者笑逐颜开，后者不苟言笑。一个迎接香客，一个管理财务，一个迎来，一个送往，各得其所。唐德宗时期，韩晃任镇海节度使，据说有一个老朋友的儿子前来投奔他，当时韩晃设宴招待，此人席间与别人从不搭话，这样的人有什么用呢？韩晃安排此人去看仓库，他每天早晚一直端坐，非常尽职尽责，算是人尽其才了。所以管理学大师德鲁克认为，管理者应注意用人的长处，而不要介意他的缺点；少问"他能跟我合得来吗"，而问"他贡献了什么"；少问"他不能做什么"，多问"他能做什么"。有效的管理者择人任事，都以一个人能做些什么为基础。德鲁克有一句名言："没有不称职的人，只有不合适的职位。将错误的人放在错误的职位上，就是将一个障碍物放在企业成功的道路上。"德鲁克的用人哲学是："机会的开发，问题的消失。"让合适的人做合适的事，发现能做什么，再来安排他应该做些什么。唯有使平凡人足以完成不平凡事的组织，才是好的组织。德鲁克曾经发表过一篇《管理自己》的论文，强调："过去的成败不代表未来的成败。过去成功了，不等于未来还会成功；过去失败了，也不等于未来永远失败。"德鲁克的意思是：我们每个人都有成功和失败，所以，对别人也要有份包容之心。

围绕"慈"，老子反复强调顺乎民意，强调以宽厚之心对待一切人。《道德经》第四十九章："圣人无常心，以百姓心为心。善者，吾善之；不善者，吾亦善之；德善。信者，吾信之；不信者，吾亦信之；德信。圣人在天下，歙歙焉，为天下浑其心，百姓皆注其耳目，圣人皆孩之。"意为：圣人没有自己的私心，而是以百姓之心为心，优秀的人或不优秀的人，老子说都要以很好的态度待他，只有这样才算是个善良的人。守信用的人或不守信用的人，都要对他守信用，只有这样才算是个守信之人。圣人治理天下，要收敛自己的主观意志，他的气息使天下之人浑然纯朴，恢复婴儿般纯真质朴的状态。

俭

关于"俭"的意义，从罗竹风主编的《汉语大词典》收集的资料来看，本来是指"约束、限制、节制"。所以，古人所说的"俭"是一个广泛的概念，包括各个方面的自我约束。

那么，在老子看来，领导者之"俭"有哪些内涵呢？

首先，《道德经》第二十九章写道："圣人去甚，去奢，去泰。"老子认为，圣人追求奢侈对自己的身体没有好处，会伤身。老子叮嘱要摈弃一切强求的、奢侈的和骄恣的东西，即"去甚，去奢，去泰"。他语重心长地说："五颜六色的东西都要去看，就会眼花缭乱；五花八门的声音都要去听，耳朵就要聋；千奇百怪的味道都要去吃，就会败坏胃口；每天骑马打猎游山玩水，就会让人的心发狂；喜欢奇珍异货，就会行为不轨。"（《道德经》第十二章：五色令人目盲，五音令人耳聋，五味令人口爽，驰骋畋猎令人心发狂，难得之货，令人行妨。）"塞其兑，闭其门，终身不勤。开其兑，济其事，终身不救"，意为：塞住感官之窍，关闭嗜欲之门，就终生不会有劳苦愁烦。开启感官之窍，增益世事之繁，就终生没有救了（见《道德经》第五十二章）。在老子看来，领导者欲壑难填，就会祸国殃民，人的欲望是奢侈之本，它甚至会带来残酷的战争。"祸莫大于不知足，咎莫大于欲得"，意为：最大的祸害就是不知足，最大的罪过就是贪婪。只有以知足为满足的人，其满足才是永恒的，"知足之足，常足矣"（见《道德经》第四十六章）。所以，老子倡议"少私寡欲"，克制欲望是"俭"的根本。

今天看来，这些话还是很有借鉴意义的。不节制饮食，便会带来高血压、高血脂、高血糖，这就是乱吃产生的后果；而放纵声色，更会带来道德的沦丧。金玉满堂，你能守多久呢？"富贵而骄，自遗其咎。功

元·赵孟頫（传）·《小楷道德经卷》

成名遂身退，天之道。"即大功成了，名分有了，自己便"身退"，这才是上天之道（见《道德经》第九章）。

其次，老子认为，领导者追求奢侈对老百姓更没有好处，会伤财。老子说道："大道非常平坦，人君却偏行邪路。朝政腐败已极，弄得农田荒芜，仓库十分空虚，而人君仍穿着锦绣的衣服，佩戴着锋利的宝剑，饱餐精美的食物，搜刮占有富余的财货，这就叫作强盗头子。这是多么无道啊！"（《道德经》第五十三章：大道甚夷，而人好径。朝甚除，田甚芜，仓甚虚；服文彩，带利剑，厌饮食，财货有余，是谓盗夸。非道也哉！）老子提出："天之道，损有余而补不足。人之道，则不然，损不足以奉有余。"意为：天的道，像拉开弓，高了向下压，低了向上举，拉过了就松一松，不足时再拉一拉。天的道，是减少有余的，用来补不足。人间的道却不是这样，是损害不足以给有余。谁能将有余奉献给天下呢？唯独有道的人可以。所以，"圣人为而不恃，功成而不处，其不欲见贤"，意为：圣人做事不仗恃自己的能力，事成了也不看成自己的功劳，主要就是不想显耀自己的才能（见《道德经》第七十七章）。

他还说：老百姓吃不饱，是因为统治者收税太多；人民不服管，是因为统治者人为生事；人民不在乎死，是因为为官者索求太多。纵观中国古代历史，官员奢侈腐化，追求私欲，必然会通过增加税收等方式横征暴敛，最终受害的则是老百姓。《贞观政要》中记载了唐太宗的一段话："为君之道，必须先存百姓。若损百姓以奉其身，犹割股以啖腹，腹饱而身毙。"

在老子看来，一个腐败与腐化的领导者，无异于一个抢劫犯。"名与身孰亲？身与货孰多？得与亡孰病？甚爱必大费；多藏必厚亡。故知足不辱，知止不殆，可以长久。"（《道德经》第四十四章）老子的意思是说，名声与身体，哪一样与你更密切呢？身体与财富，哪一样对你更重要呢？得到一切与丧失生命，哪一样危害更大呢？贪得无厌的人必有大损害，囤积财富的人必有大丧失。知足常乐，不受困辱；知道适可而止，才不会出现危险，才可以得享长久。

在老子看来，一个人要懂得知足，因为最大的罪恶是多欲，最大的祸害是不知足，最大的过错是贪得无厌，知足才能满足，而且是永远的满足。知足常乐才会无欲则刚，因为至高无上的"道"永远是顺任自然而无所作为的，却又没有什么事情不是它成就的。领导者如果能按照"道"的原则为政治民，万事万物就会自我化育而得到充分发展。化育中产生贪欲时,就要用"道"来镇住它。用"道"的真朴来镇服它,就不会产生贪欲之心了,万事万物没有贪欲之心了,天下便会自然而然达到稳定、安宁。(《道德经》第三十七章:道常无为而无不为。侯王若能守之,万物将自化。化而欲作,吾将镇之以无名之朴。镇之以无名之朴,夫将不欲。不欲以静,天下将自正。)

值得一提的是,先秦其他学派也都主张俭政。

先说儒家。《论语·先进》中记载,季氏比周朝的公侯还富有,孔子的弟子冉求却还替他搜刮百姓,以增加更多的财富。孔子就说,冉求不是我的学生,你们可以大张旗鼓地去攻击他。典故"苛政猛于虎"就出自儒家典籍《礼记》,"苛政"不是"苛刻的政治",这里的"政"就是指征税。原来,孔子遇见一个老妇人,她的儿子被老虎吃掉了,但是她还是不愿意搬家。这是为什么呢?因为这里的赋税没有那么重。可见,当时的赋税居然比老虎还厉害,因为老虎来了还可以躲躲,赋税来了简直无处可藏。

再说法家。《韩非子·亡征》中提到四种征兆:"好宫室台榭陂池,事车服器玩,好罢露百姓,煎靡货财",君主有这四种爱好,国家就会灭亡。韩非子反复强调"能引起欲望的东西,在上削弱和侵害君主,对下则伤害民众",所以"圣人不引五色,不淫于声乐,明君贱玩好而去淫丽"。即一个好的领导者要不被好看的东西所引诱,不沉溺于声色玩乐之中,也要轻视那些奇珍异货,不要追求过分华丽的东西(见《韩非子·解老》)。

韩非子还讲了这样一个故事。齐桓公问管仲："财富有边界吗？"管仲回答说："水是有边界的，水的边界就是没有水的地方。富贵也是有边界的，其边界就是一个人得到财富后已经感到满足的时候。人争取财富如果不能够自止于满足，那就意味着他忘了富贵的边界了。"[桓公问管仲："富有涯乎？"答曰："水之以涯，其无水者也；富之以涯，其富已足者也。人不能自止于足，而亡其富之涯乎！"(《韩非子·说林下》)]

汉代有著名的"文景之治"，主要就是吸取了秦王朝短命的教训，而采取了道家的政治理念，提出无为而治，实行重农、崇俭、轻徭薄赋三大政策，汉王朝就这样日益强盛起来。

再说道家。老子认为，领导者追求奢侈对于社会风气有害无益。老子反对拜物主义和拜金主义，认为领导者只有不看重奇珍异宝，才能使世人不去偷窃；只有不萌发邪情私欲，才能使世人平静安稳。所以，领导者治理百姓，要使他们心里谦卑，腹里饱足，血气淡化，筋骨强壮。人们常常处于无欲的状态，那么，即使有卖弄智慧的人，也不能胡作非为了。遵守无为之道，则天下没有不太平的道理（见《道德经》第三章）。

为什么领导者追求奇珍异宝，会让老百姓偷盗成风呢？一是这些东西要么是国家明令禁止获得的，要么是价值连城的贵重之物，要么是国家财政的支撑重器，不通过非常手段是搞不到手的。二是领导者追求奇

位于山东淄博临淄区的管仲纪念馆

珍异宝,起到的是负面作用,它会使社会风气变得堕落萎靡,从而让百姓也变得奢侈,贪图享受,追求享乐,进而为满足私欲走上犯罪之路。上行下效,所以领导者不可不慎。

韩非子讲了这样一个故事:齐桓公喜欢穿紫色的衣服,结果整个都城的人都穿紫色的衣服。此时,五匹生绢也换不到一匹紫色的布。齐桓公对此十分忧虑,便对管仲说:"我喜欢穿紫色的衣服,但紫色的布料很贵,现在整个都城的百姓都喜欢穿紫色的衣服,我该怎么办呢?"管仲说:"您想制止这种情况,为什么不试一下不穿紫色衣服呢?您可以对身边的侍从说:'我非常厌恶紫色衣服的气味。'在这时,恰有穿紫衣来进见的侍从，您就说：'稍微退后点，我厌恶紫色衣服的气味。'"齐桓公说："好。"从这天开始，再没有侍卫近臣穿紫色衣服了；到第二天，城中也没人穿紫色衣服了；到第三天，国境之内都没人再穿紫色衣服了。（见《韩非子·外储说左上》）

韩非子是老子的知音，他阐发老子的"俭"时说道："智士俭用其财则家富，圣人爱宝其神则精盛，人君重战其卒则民众，民众则国广。"意为：聪明的人省吃俭用，家里就会富足；圣人珍惜自己的精力，就会精力充沛；君主不轻易使用军队作战，人口就会众多，人口众多，国土就会广大。所以老子称道说："俭，故能广。"（见《韩非子·解老》）

柔

《吕氏春秋》里说："老聃贵柔。"那么，从领导艺术的角度看，老子的"柔"，究竟体现在哪些方面呢？

第一，"柔"在心理上，就是以柔克刚。老子为"柔"找到了两个象征物，也就是两个"形象代言人"，其中一个是"婴儿"。在老子看来，婴儿有三个特点。

首先，婴儿柔顺而不动心计。老子说："专气致柔，能如婴儿乎？""爱国治民，能无为乎？"意为：能够做到精气团聚而纯真柔和如同婴儿一样吗？能够做到治国理民时无欲无为、不用智巧吗？（见《道德经》第十章）

其次，婴儿柔弱且低调谦和。老子说："深知什么是雄强，却安守雌柔的地位，甘愿做天下的溪涧。甘愿做天下的溪涧，永恒的德性就不会离失，恢复到婴儿般单纯的状态。深知什么是明亮，却安于暗昧，甘愿做天下的模式。甘愿做天下的模式，永恒的德性就不会有差失，恢复到不可穷极的真理。深知什么是荣耀，却安守卑下的地位，甘愿做天下的川谷。甘愿做天下的川谷，永恒的德性才能充足，恢复到自然本初的素朴纯真状态。真朴的道分散成万物，有道的人沿用真朴，则为百官之长。所以完善的政治是不割裂的。"（《道德经》第二十八章：知其雄，守其雌，为天下谿。为天下谿，常德不离，复归于婴儿。知其白，守其黑，为天下式。为天下式，常德不忒（tè），复归于无极。知其荣，守其辱，为天下谷。为天下谷，常德乃足，复归于朴。朴散则为器，圣人用之，则为官长，故大制不割。）

最后，婴儿柔和而不与人争夺。老子说：赞同与不赞同，相差有多远？众人畏惧的，我也不能不有所畏惧。精神领域很开阔，好像没有尽头的样子。众人都兴高采烈，好像参加丰盛的筵席，又像春天登台眺望景色。我却独自澹泊宁静，没有形迹，好像不知嬉笑的婴儿；落落不群，好像无家可归。众人都有多余，唯独我好像不足的样子。我真是"愚人"的心肠。世人都光耀自炫，唯独我暗暗昧昧的样子。世人都精明灵巧，唯独我无所识别的样子。沉静的样子，好像湛深的大海；飘逸的样子，好像没有止境。众人都有所施展，唯独我愚顽而拙讷。我和世人不同,而重视有道的生活。(《道德经》第二十章:唯之与阿,相去几何?善之与恶,相去若何?人之所畏,不可不畏。荒兮,其未央哉!众人熙熙,如享太牢,如春登台。我独泊兮,其未兆,如婴儿之未孩;儽儽兮,若无所归。众人皆有余,而我独若遗。我愚人之心也哉,沌沌兮!俗人昭昭,我独昏昏。俗人察察,我独闷闷。澹兮其若海,飂兮若无止。众人皆有以,而我独顽似鄙。我独异于人,而贵食母。)可见,婴儿柔顺而不争强好胜,纯净而不自作聪明,所以婴儿体现了老子心目中的"柔"性。《道德经》第五十六章说"挫其锐",就是要把棱角和锋芒去掉。

除了婴儿,老子为"柔"找到的第二个形象就是"水"。老子以水为象征物,有两个原因。

一是他在水身上看到了至高无上的"道"的影子。老子把顺其自然的"道"作为政治管理的最高标准,而"水"很能够代表"道"。《道德经》第三十二章中说过这样的话:道,通常不显露其名分。存在的本原即道的本体,虽然精妙微小,天下却没有什么能支配它。王侯若能持守它,万物会自然归顺。天地相和,降下甘露,无人分配,自然均匀。宇宙有了秩序,就有了名分。有了名分,人就该知道自己的限度,不可僭越。知道限度而及时止步,就可以平安无患了。道存在于天地间,有如江海为河川所流注一样。

另一个原因是老子是楚国人,对水太熟悉了。水一方面很柔弱,有一个词叫柔情似水;另一方面很强大,滴水穿石,它可以战胜坚硬强大之物。老子说:"天下莫柔弱于水,而攻坚强者莫之能胜。"普天之下,没有什么比水更柔弱的了。然而对付坚强的东西,没有什么能胜过水。"弱之胜强,柔之胜刚,天下莫不知,莫能行",这个道理天下的人没有不知道的,却没有能施行的。所以圣人说过:为国受辱的,就是社稷之主;为国受难的,就是天下之王。这些正面肯定的话,听起来却像反话一样(见《道德经》第七十八章)。

老子提出"水"有八种象征意义:

一是潇洒浪漫;

二是清明高洁;

三是清静无为;

四是利物不争;

五是勇往直前;

六是卑而易行;

七是顺其自然;

八是包容一切。

其实,在老子的领导与管理哲学中,"柔"只是手段("柔"可以带来顺利、美好、和谐,所以汉语里有"柔顺""柔美""柔和"),而最终要做一个"强者"。所以老子说出了一个领导者的真实意图:"想要收缩它,

明·唐寅·《越来溪图》

必先扩张它。想要削弱它，必先加强它。想要废弃它，必先兴起它。想要夺取它，必先给予它。这就是所谓幽微之明。"(《道德经》第三十六章：将欲歙之，必固张之；将欲弱之，必固强之；将欲废之，必固兴之；将欲取之，必固与之：是谓微明。)《道德经》第四十章里说："反者道之动，弱者道之用。"钱锺书在《管锥编》里有一个新的解释：这里的"反"同"返"，说明物极必反，矛盾的双方会互相转化。也就是说，"柔"最终是会转化为"强"的。

所以，笔者认为老子是一位城府很深、很老到的政治家。

在老子看来，"水"对万物都有利，用现在的话来说，雨露滋润禾苗壮，水是生命之源，但是它从来都无色无味，不与其他事物争抢风头，甚至处在卑下位置。《道德经》第八章里说："上善若水。水善利万物而不争，处众人之所恶，故几于道。居善地，心善渊，与善仁，言善信，正善治，事善能，动善时。夫唯不争，故无尤。"大意是：上善的人好像水一样。水善于滋润万物而不与万物相争，处在大家所厌恶的地方，所以最接近于道。居处善于选择地方，心胸善于保持沉静，待人善于真诚相爱，说话善于遵守信用，为政善于精简处理，处事善于发挥所长，行动善于掌握时机。因为有不争的美德，所以没有怨咎。

如果从现代领导艺术的角度，笔者认为老子上面一段话至少说明了以下几个问题。

"居善地"，就是处在比较好的位置时，要时刻保持谦虚、恭敬、谨慎的态度。江河湖海，都是因为虚怀若谷，才能够接纳百川。

1970年，美国电话电报公司CEO罗伯特·格林利夫出版了《仆人式领导》一书，认为领导者必须放下身段，甘当仆人。如果一个领导表现得过于强势，居高临下，不好接近，就容易与下属和员工产生隔阂。老子则叮嘱道"重为轻根，静为躁君"，要用"重"来驾驭"轻"，要用"静"来控制"躁"。君子每天出行时都带着辎重，虽荣华壮观，但他却心平气和，为人超脱。而有的大国君主，只重自身，而轻视天下。轻视别人，就会失去根基，骄躁就会失去权位。(《道德经》第二十六章：虽有荣观，燕处超然。奈何万乘之主，而以身轻天下？轻则失根，躁则失君。）

"心善渊"，就是要像江河湖海那样有一颗包容之心。老子认为受得住委屈，方能保全自己；经得起冤枉，事理才能得以伸直；低洼才能充满，破旧才有新生；少取最终多得，贪多最终迷惑。所以，圣人与道合而为一，做天下人的楷模。不自我炫耀，反而更加耀眼；不自以为是，反而美名远扬；不自我夸耀，反而厥功至伟；不自我感觉良好，反而受到拥戴。古人说的"委曲求全"难道是假的吗？确实能委曲求全者，天下便归属于他。（《道德经》第二十二章：曲则全，枉则直，洼则盈，敝则新，少则得，多则惑。是以圣人抱一为天下式。不自见，故明；不自是，故彰；不自伐，故有功；不自矜，故长。夫唯不争，故天下莫能与之争。古之所谓"曲则全"者，岂虚言哉？诚全而归之。）可见，一个领导者心胸宽、度量大，才能够在领导的路上成长。如果仅仅看一个人的短处，则天下无可用之人；如果多注意一个人的长处，则天下每一个人都能使用。当代著名政治家、马来西亚前总理马哈蒂尔也指出："领导者应该多听取他人的意见，并加以讨论，在此基础上形成自己的构想。"

"与善仁"，就是用仁爱之心关心他人，就是尊重人的本性。人与人之间通过爱心凝结在一起，这才是无为。一个缺少爱心的人是不会得到别人爱戴的，这种人要有所成就也是不可能的。"与善仁"其实就是要实行人性化管理。

"言善信"，就是讲信用。老子认为水利万物，和顺诚实，表里如一。领导者的言语应该像水一样诚实无伪，言必信，行必果。

"正善治"，就是在管理上善于协调各方面的关系，做到不偏不倚，公平公正，从而充分发挥下属的积极性和主观能动性。

"事善能"，就是要有很强的解决问题的能力，能够像水那样去污洗浊，承载船只，润物育人。

"动善时"，就是行动要善于观察时机，与时俱进，开拓创新，也就是政策措施要根据实际情况而定。这一点道家与兵家有接近的地方，与儒家的"权变"思想也有相近的地方。在今天，许多优秀的管理模式都是特定条件下的产物，工业和商业的管理模式不同，服务业与制造业的管理模式不同，同一个企业内部对行政人员和技术人员的要求也不同，因此一定要"因时制宜"。

《道德经》第二十五章里说："人法地，地法天，天法道，道法自然。"这里所说的"道"，不仅是宇宙本源，而且是客观规律，是自然万物和人类社会发展的规律，这个规律包括自然无为、见微知著、知盈处虚、欲取先予、恭谨包容、委曲求全、静观玄览。这也是领导者应该具有的智慧。

从领导艺术角度看，老子的"柔"在心理上，体现为以柔克刚。而在态度上，则表现为谦虚做人，低调行事。

老子曾经说过："我有三种宝贝，持守而保全着。第一种叫作慈爱，第二种叫作俭朴，第三种叫作不敢居于天下人的前面。慈爱，所以能勇武；俭朴，所以能厚广；不敢居于天下人的前面，所以能成为万物的首长。现在舍弃慈爱而求取勇武，舍弃俭朴而求取宽广，舍弃谦退而求取争先，是走向死路！"（《道德经》第六十七章：我有三宝，持而保之：一曰慈，二曰俭，三曰不敢为天下先。慈故能勇；俭故能广；不敢为天下先，故能成器长。今舍慈且勇，舍俭且广，舍后且先，死矣！夫慈，以战则胜，以守则固，天将救之，以慈卫之。）老子又以行军作战打比方："用兵的人这样说：'我不敢主动地进攻，宁愿采取守势；我不敢轻易前进一寸，而宁肯退避一尺。'这样，行军布阵才会不露痕迹，挥动臂膀就好像没有挥动一样，拿着兵器就好像没有拿着一样，与敌人相遇就好像没有敌人一样。最大的祸害就是骄傲轻敌，轻敌几乎丧失了我的法宝。如果两军对峙，兵力相当，哀兵一方必胜无疑。"（《道德经》第六十九章：用兵有言："吾不敢为主，而为客；不敢进寸，而退尺。"是谓行无行，攘无臂，扔无敌，执无兵。祸莫大于轻敌，轻敌几丧吾宝。故抗兵相若，哀者胜矣。）所以，老子提出："多言数穷，不如守中。"大意是，言语多，政令繁苛，就会加速败亡，不如保持虚静（见《道德经》第五章）。在老子看来，一个领导者，即使成功了也不可自恃其能，而应该懂得谦虚谨慎，即所谓"功成而弗居"，只有这样，其功劳才会永恒不灭。

然而，笔者一直认为老子是一个老到的政治家，他所说的"柔"只是过程，只是手段，其最终目标还是要实现自己的领导愿望和管理目标。他所说的一段话体现了这一点："天长地久。天地所以能长且久者，以其不自生，故能长生。是以圣人后其身而身先，外其身而身存。非以其无私邪！故能成其私。"（见《道德经》第七章）意为：天地所以能够长久，乃是因为它们的一切运作都不为自己。有道的人懂得谦退，反而能赢得人们的爱戴；把自己置之度外，反而能够保全生命。正是由于不自私，反而能够成就自己。实际上，老子也是有功利思想的。在他看来，大道广泛流行，无所不到。万物依赖它生长而不止息，它有所成就却不自以为有功。由于它不自以为伟大，所以才能成就它的伟大。（《道德经》第三十四章：大道汜兮，其可左右。万物恃之以生而不辞，功成而不有。衣养万物而不为主，常无欲，可名于小。万物归焉而不为主，可名为大。以其终不自为大，故能成其大。）

《道德经》第三十六章言："将欲歙之，必固张之；将欲弱之，必固强之；将欲废之，必固兴之；将欲取之，必固与之。是谓微明。柔弱胜刚强。"笔者注意到这里的三个词"欲""固""胜"。明眼人一下子就可以看出："欲"是主观愿望，"固"是中间过程和实现手段，"胜"就是要达到的目标。要想取得最后的成功，就要张弛有度，就要懂得强弱、兴废之理。最后的柔弱胜于刚强，我们可以理解为领导者要谦虚、要关心下属，而不可盛气凌人、颐指气使。

一个成功的领导者是要有亲和力的，那么，这种亲和力从何而来呢？首先就是要有一颗谦卑虚己之心。在中国古代，像"孤""寡""不谷"这类词，本来是"不善"之义，都是大家不愿意用的。但是，古代的诸侯王常以此自称，这就是在言语上的谦恭，是一种放下身段的行为方式，也是一种体现亲和力的方法。老子甚至把"称谓谦卑"上升至"道"的地位，老子这样说："人们所厌恶的，就是'孤''寡''不谷'，而王公却将它们作为自称。所以，有的事物是从贬损中受益，有的事物是从增益中受损。别人所教导我的，我也用来教导别人。强横的人没有好下场，我将以此作为施教的根本。"（《道德经》第四十二章：人之所恶，唯孤、寡、不穀，而王公以为称。故物或损之而益，或益之而损。人之所教，我亦教之，强梁者不得其死，吾将以为教父。）

"柔"在态度上的表现是谦卑、虚心和低调，是不咄咄逼人。老子打比方说："踮起脚跟，是站不牢的；跨步前进，是走不远的；自逞己见的，反而不得自明；自以为是的，反而不得彰显；自己夸耀的，反而不得见功；自我矜持的，反而不得长久。从道的观点来看，这些急躁炫耀的行为，都是剩饭赘瘤，惹人厌恶。所以有道的人不这样做。"（《道德经》第二十四章：企者不立；跨者不行；自见者不明；自是者不彰；自伐者无功；自矜者不长。其在道也，曰：余食赘形。物或恶之，故有道者不处。）这就是在强调个人修养，强调自谦、自胜、自强。

老子还把这一理念运用到实践中，他指出："善为士者不武，善战者不怒。善胜敌者不与，善用人者为之下。"善做将帅的，不逞勇武；

善于作战的，不轻易发怒；善于战胜敌人的，不用对斗；善于用人的，待人谦下。老子认为这就是"不争之德，用人之力"，这是合于天道的，是自古以来的最高准则（见《道德经》第六十八章）。老子甚至把"谦恭"作为一项和平共处的国际原则，认为懂得谦退才能更顺畅地前进。他说："大国若对小国谦下，便能得到小国的信赖。小国若对大国谦下，便能得到大国的信任。所以，大国谦下而获得小国的信赖，小国谦下而获得大国的包容。如果大国、小国都想得到自己所要谋求的，大国的谦卑处世是最为要紧的。"（《道德经》第六十一章：故大邦以下小邦，则取小邦；小邦以下大邦，则取大邦。故或下以取，或下而取。大邦不过欲兼畜人，小邦不过欲入事人。夫两者各得其欲，大者宜为下。）

正是从这一点出发，老子提出不能靠强权和武力征服天下，而要靠精神与文化的力量，这就是"道"。因为人类最愚昧、最残酷的行为，莫过于战争。战争的惨烈程度，令人触目惊心："师之所处，荆棘生焉"，这两句话道尽了战争的遗患。老子认为，战争总是没有好下场的，败阵者伤残累累，甚至国破家亡；胜利者所付出的代价也是极其惨重的。武力横行，终将自食其果；武力暴兴，必定自取灭亡。

"柔"在效果上是不折腾，不自寻烦恼。老子看到这世界上有许多事情事与愿违。比如，天下有很多的条条框框、很多的忌讳，而老百姓就更加贫困，法令宣传得越到位，偷盗抢劫的事情就越多。《道德经》第五十八章云："其政闷闷，其民淳淳；其政察察，其民缺缺。祸兮福之所倚；福兮祸之所伏。孰知其极？其无正。正复为奇，善复为妖。人之迷，其日固久。是以圣人方而不割，廉而不刿，直而不肆，光而不耀。"圣人处事方正但不生硬，不会以自身的高标准来审判别人。"大丈夫处其厚，不居其薄；处其实，不居其华"，老子认为我们应立身于博大的大道中，而不站在浅薄的礼法上；立身于大道的朴实中，而不站在智慧的虚华上。所以，老子提出"以清静无为治理天下"的观点，主张扔掉所谓神圣的说教和小聪明，扔掉投机取巧与功利思想，让人心有所归依，那就是"见素抱朴，少思寡欲，绝学无忧"。即认识生命的本来规律，拥有一颗朴素而平常之心，少自寻烦恼使欲望越来越淡，拒绝人间的那些学问，保持无忧无虑的心。这跟前面讲到的"俭"也有相似之处。

管理，其实就是一种资源配置过程，是管理者对人财物等资源通过计划组织指挥、协调、控制、监督等有效活动进行有效配置，以实现预定目标的过程。管理更多的应该是一种影响力，是影响他人，并使他们愿意为达成群体目标而努力的一种艺术或方法。而无为而治，就是在该不为的时候就不为，在该为的时候就要为，也就是顺应自然和事物变化的规律进行管理，也是一种无边界的、隐性的、模糊的艺术。

"无为而治"其实在儒家那里也提倡过。《论语·卫灵公》里反映儒家也有无为而治的说法："子曰：'无为而治其舜也与？夫何为哉？恭己正南面而已矣。'"孔子的意思是说，自己从容安静而使天下太平的人只有舜吧，他干了什么呢？庄严端正地坐在朝廷里罢了。换句话说，大家都知道他是领导者，而不知道他在做什么，感受不到他的直接影响，这就是无为之善治。

"柔"在行事上，就是从细节做起。防患于未然，这正是老子的发明。在东西方哲学家的眼里，老子是辩证法的大师，他能看到细节与全局的辩证关系，就像他能看到刚柔、高低、长短、音声诸方面的辩证关系一样。"其安易持，其未兆易谋。其脆易泮，其微易散"，要趁着事情未发生危机时努力，管理局面还没混乱时治理，"图难于其易，为大于其细"，老子这一番话，启发我们要居安思危，防微杜渐，要有警示教育和危机管理。

第五讲　法家篇

一　"务实"的韩非子

一讲法家，就使人想到韩非子这个人，他究竟是个什么样的人呢？

首先，韩非子是韩国的公子，是一个"官二代"。所以在政治上从小就看得多，听得多，政治上早熟。

其次，因为韩国是个小国，所以，韩非子有很强的危机意识和爱国意识。

在韩非子看来，国家利益高于一切，所以，忠孝不得两全。韩非子举了两个例子：楚国有个正直的人告发他父亲偷羊，总理（令尹）却杀掉他，因为他背叛了父亲，其结果是楚国的坏人坏事没有人告发了。鲁

韩非子

国有个人上战场三战三逃，孔子审问他，他说家有老父需要赡养，孔子认为他孝还推荐他做了官，于是鲁国人一上战场就投降了。可见国家的利益、个人的利益是不同的。当时，他的祖国韩国四面受敌，内外交困，里外几乎都烂了，这也注定了韩非子会把人和事都往严峻的地方想。

再次，韩非子是个结巴，在战国那个盛行"三寸不烂之舌强于百万之师"鼓动天下的时代，韩非子似乎有从政短板。但是"口吃笔健"，他的文章写得很漂亮，特别是他善于讲寓言故事。复杂深奥的理论，他能用很生动形象的故事表达出来，比如"守株待兔""一鸣惊人"，这些家喻户晓的成语，都是从韩非子那里来的。韩非子特别能写，他发现韩国内政出现了三个方面的问题：第一个是制度层面，无法可依，有法不全；第二个是机制层面，国王没有强权驾驭文武百官，影响了政令畅通；第三个是运作层面，也就是没有搞富国强兵，没有搞任人唯贤，反而使用那些纸上谈兵的儒家、舞刀弄枪的侠客，养非所用，用非所养。于是他从古往今来兴衰存亡的角度，写了《韩非子》一书。这本书接近十三万字，在古代算是大部头著作了。

当《韩非子》传到秦国时，秦王嬴政（后来的秦始皇）读后佩服不已，说道："如果我能见见韩非子，死而无憾了！"这是何等的推崇，证明韩非子绝非等闲之辈。

秦国攻打韩国，韩国国君起用韩非子，并且派遣韩非子作为特命全权大使到秦国去。秦国素来重视人才，此时韩非子如留在秦国，捞个一官半职是不成问题的。但是，韩非子是个爱国者，他到了秦国后，强烈请求秦王不要进攻他的祖国韩国，这让秦王很不高兴。韩非子的同学李斯是楚国人，做了秦国国相，他此时心有不安，韩非子若为秦所用，会影响他个人的政治地位；韩非子若不为秦所用，会给秦国造成极大威胁。

李斯用了以下计谋。

一是在秦王那里造舆论，说韩非子是韩国的死硬派，绝不可能效忠秦国，这种人不能用，放回韩国绝对是放虎归山，所以必须除掉。

二是找人帮忙。韩非子曾经揭露秦国的姚贾品德有问题，于是李斯找来姚贾帮忙。最后，李斯亲自把一杯毒酒送给韩非子，假托秦王之命，令韩非子喝下毒酒而死。等到后来秦王要赦免重用韩非子时，韩非子早已经不在人世了。

有了以上的背景，我们再来看韩非子的有关理论，就有一定的铺垫了。

韩非子所有的领导方略和管理理论，都是建立在一个观点之上：人性无所谓善与不善（笔者暂时没有采纳有的学者所言"性恶论"）。在这一点上，他与孔孟主张性善是唱对台戏的。而与他的老师荀子（儒家的另一位代表人物）主张"性恶"有一点接近。通俗地说，儒家见到每一个人，都认为对方是好人，或即将成为好人，要相信他，尊重他；法家见到每一个人，都觉得对方仅仅是个人，无所谓好人或坏人。儒家主张用人不疑，疑人不用；法家主张用人要疑，疑人要用。法家的领袖人物韩非子是儒家一位重量级人物荀况的学生，而《韩非子》一书专设《解老》《喻老》篇，"老"就是指道家的领袖人物老子。所以，韩非子的学说，其实与儒家、道家都不能截然分开。

所谓"英雄所见略同"，中国古代的诸子百家，在看待自然和社会的观点上，有不同，也有相同之处。比如兵家，《孙子兵法》认为一个军事领导人最重要的素质有"智、信、仁、勇、严"，这其实与儒家、法家、道家等都有相通之处。又如韩非子照样强调他心目中优秀的领导人应该是："解除老百姓的混乱状态，除去天下的灾祸，使强者不欺负弱者，人数多的不残害人数少的，年迈的老人得以终老，幼小的孤儿顺利长大，君臣互相亲近，父子赡养和养育，没有死亡，没有被俘。"从这段话表达出的社会理想来看，怎能说法家刻薄少恩呢？这甚至与儒家、道家、兵家对社会理想的追求是相同的，只是管理的路径不同、风格不同，管理的方式不同，或者说针对不同的阶段、不同的对象、不同的情形而使用的手段不同罢了。著名学者钱锺书先生提倡读书要将古今中外的学术"打通"，笔者认为，诸子百家也是可以打通的。

在中国政治史上还有一个说法，即"阳儒阴法"。汉武帝时期"罢黜百家，独尊儒术"，表面上，儒家占据了统治地位，实际上，这一时期的儒学已经不是孔子时代的儒学了，在很大程度上是法家化的儒学。以董仲舒为代表的儒生不但日益肯定刑法在维持社会秩序方面的作用，其君臣观念也有了很大的转变，他们抛弃了孟子的"君轻论"和荀子的"从道不从君论"，而代之以法家的"尊君卑臣论"。儒家终于被统治者接受，从此中国古代的帝王将相一直都是采用"儒表法里"或"阳儒阴法"的思想，这是我们学习国学时需要注意的。

从管理学的角度讲，道家主要从哲学层面上讲，什么是正确的管理；儒家主要从道德层面上讲，如何管理自我；法家主要从制度层面和操作层面讲，如何管理他人；兵家主要从实用层面讲，如何管理我方以战胜敌方。这其中法家的理论运用起来往往管用。春秋有五霸，这五霸往往是依靠法家成功，而不一定是依靠儒家或者道家。关于五霸，有不同的版本，但不少国君是依靠法家进行治理。齐桓公依靠管仲为相，魏国用法家人物李悝、吴起，吴起又帮助楚国管理国家，韩国起用申不害管理国家。秦始皇更是依靠商鞅、李斯等人的变法改革使秦国强盛并最后一统天下。

现在再来讲讲韩非子的人性观。

要管理人，首先得讨论人的本性是善还是恶，抑或无所谓善恶。儒家是主张性善的。但是，韩非子认为，这世界上，人无所谓好坏，人的本性都喜欢名利，都厌恶穷困死亡。所以要根据人的这一本性来进行管理。由于人都喜欢名利，那就用奖赏来鼓励；由于人都厌恶穷困死亡，那就用惩罚来实施。正因为人天生有趋利避害的一面，也就是对名利的追求和对贫困死亡的畏惧，所以人世间每一个人立身行事都不免是以自我利益为中心的，韩非子提醒：不能指望下属或员工天生无条件忠诚而毫不利己，这就是人的本性，这就是现实，这就是生活，这很正常。领导者要充分正视这一现实，进行务实的管理。

正因为如此，韩非子以君主为例，认为君主身边以下几种人都有靠不住的地方：太后、妻妾、子孙、兄弟、大臣、名人或贤人。[乱之所生六也：主母，后姬，子姓，弟兄，大臣，显贤。任吏责臣，主母不放。礼施异等，后姬不疑。分势不贰，庶适不争。权籍不失，兄弟不侵。下不一门，大臣不拥。禁赏必行，显贤不乱。(《韩非子·八经》)] 具体而言，第一，家人不一定是靠得住的；第二，助手和下级不一定是靠得住的；第三，爱人不一定是靠得住的；第四，身边工作人员不一定是靠得住的；第五，员工和老百姓也不一定是靠得住的。韩非子的看法，今天看来当然有偏激的地方，但是我们也可以从另外一个角度看问题：正是因为偏激，他认为以上各方都靠不住，所以才提出他的管理三字诀：法、术、势。

二 重"法"讲"公"

法家强调"法"的重要作用，这里所说的"法"，包括法律、法令、制度等方面。法家思想的集大成者韩非子就说要注重法治，而不能实行人治，不能徇私情。一个领导者只有依法办事，才可以游刃有余，如果放弃法治而凭主观想法办事，即使尧这样的圣人也不能治理好一个国家，"释法术而任心治，尧不能正一国"（见《韩非子·用人》）。

那么，注重"法"有哪些好处呢？一是可以树立领导者的形象，统一大家的行为，制止欺诈、不诚信的行为。二是可以杜绝随意性和私情。比如，在选拔人才或进行奖惩时，领导者根据"法"来操作，就能在很大程度上避免因兴致或好恶等主观因素而导致的不公平和不公正。三是不让好人变坏，同时可以使坏人变好。在韩非子看来，本着私利来治国，国家就会混乱；依靠法制来治国，国家就能安定。君主没有掌握治国的原则，那么，智慧的人就有自私的言论，贤能的人也会有违法的念想。君主有了法外的恩惠，臣下就有非法的欲望，有德有智者成群结队，制造各种言论，用非法的手段对付君主，君主不但不禁止，反而还去尊敬这些人，这会使臣下不听从君主，不服从法令。（《韩非子·诡使》：道私者乱，道法者治。上无其道，则智者有私词，贤者有私意。上有私惠，下有私欲，圣智成群，造言作辞，以非法措于上。下不禁塞，又从而尊之，是教下不听上、不从法也。）

如果一切按照健全的法律制度办事，身边被宠信之人就会知道欺诈诱骗没有好下场，肯定会想："如果我再这样奸诈自私，而不服从于上级，如果我再拉帮结派、颠倒毁誉，就会像背负千钧重物跌进万丈深渊而想求生还一样，肯定是没有希望的。"各级官员如果知道行奸猾之事没有好结果，肯定会想："如果我不清廉方正，谨守法律，而是以贪婪的心理，违法乱纪，牟取私利，这就如同爬到高山顶上，再掉进无底深渊而求生还，肯定是没有指望了。"这样一来，身边的亲信不敢欺骗君主，各级官吏也不敢因贪心而侵害百姓，那么大家贡献的只有忠诚和敬业了（见《韩非子·奸劫弑君》）。"法"明确了，有暴力倾向的人就谨慎了，为非作歹的人就回到正路上来了，凶狠的人就收敛了，大盗就改邪归正了，社会就公正太平了。（《韩非子·守道》：则暴者守望愿，邪者反正。大勇愿，巨盗贞，则天下公平，而齐民之情正矣。）

韩非子认为，人的本性是喜欢无拘无束而不喜欢条条框框的，优秀的领导者设置制度条文进行管理，并不是憎恨下属，而是爱护他们，让其在奸邪之念没有产生之前，就杜绝它。另外，韩非子还认为人性是趋利避害的，所以，领导者要实施管理，就要在"趋利避害"这四个字上做文章，主要的形式是"赏"和"罚"。赏，就满足了人们对利益的渴求；罚，则实现了人们对失去利益的恐惧。建立严明规范的奖惩制度，是领导者进行有效管理的一个重要手段。

韩非子提出：圣明的君主立法，其所实施的赏赐政策足以劝导他人为善，所实施的惩罚政策足以战胜强暴，所实行的种种措施足以完善法制。负责处理政务的大臣，功劳大的得到尊位，出力大的得到厚赏，竭尽忠诚的树立名声。美好的东西如同春天的草木蓬勃生长，邪恶的东西如同秋天的草木枯萎凋零。所以百姓之间互相勉励，乐于为国家竭尽全力，这就叫作君臣上下的和谐。（《韩非子·守道》：圣王之立法也，其赏足以劝善，其威足以胜暴，其备足以必完。治世之臣，功多者位尊，力极者赏厚，情尽者名立。善之生如春，恶之死如秋，故民劝极力而乐尽情，此之谓上下相得。）

至于"奖惩"的内容，韩非子主张应包括实质性的和荣誉性的两类，也就是说，不只是物质上、职务上的奖惩，还包括精神上、道德上的奖惩。这个理念对今天的管理制度仍有借鉴意义。

有了法律和制度，其效果如何，关键还在于执行。"法"的执行，要以"公"字当头，所谓"公"，就是公平、公开、公正。

首先是要讲求公平，就是在执行法律制度的过程中，做到赏罚分明，公平有据，不能因名声、私利、私情等因素而有失公允。韩非子打比方说："铁锥和砧石是用来让不平的物件平整的；榜檠是用来矫正不直的工具；圣人制定法律，目的也是平整不平，矫正不直。"（《韩非子·外储说右下》：椎锻者，所以平不夷也；榜檠者，所以矫不直也。圣人之

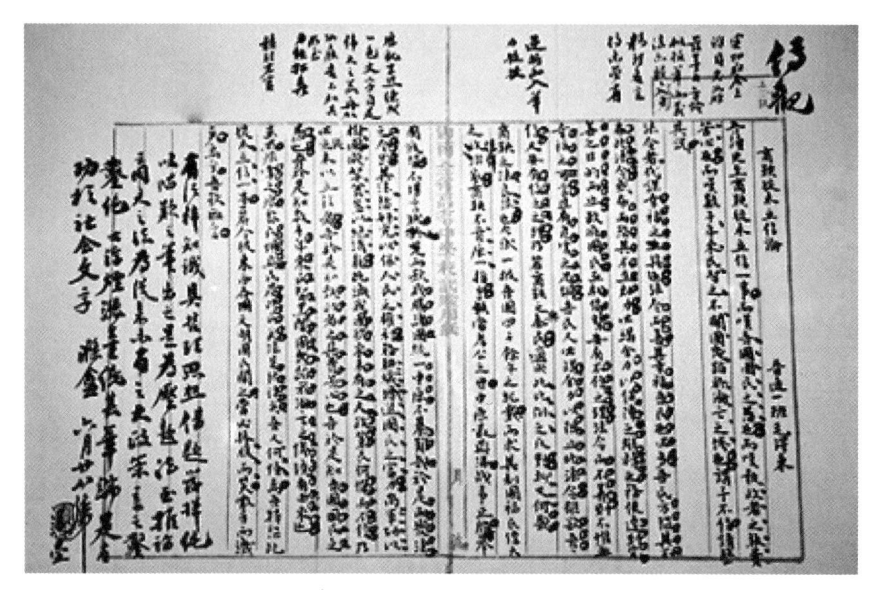

青年毛泽东在湖南省立高等中学的作文《商鞅徙木立信论》手稿

为法也，所以平不夷，矫不直也。）

所以"法"是维护公平的。韩非子强调，法律不偏袒地位高贵者，绳墨不迁就形状弯曲者，即使是优秀人士也逃不过法的惩罚，哪怕是勇猛的人也躲不过法的约束。刑罚不避大臣，奖赏也不错过百姓（见《韩非子·有度》）。也就是说，"法"在执行时应一视同仁，不应因人的地位不同而区别对待。

其次是要讲求公开。"法"制定后，就要明文颁布，让大家都知晓。韩非子说："英明君主所立的标准容易使人看到，所以能言必信，行必果；他的教导容易使人懂得，所以说话就起作用；其所立法制容易遵守，所以命令就能得到执行。做到了这三点，而君主又不凭私心办事，

那么臣下可以遵循法令而治理政事，就像看着标志而行动，随着墨线来下斧，根据锥孔来用针线一样。"（见《韩非子·用人》）

最后是要讲求公正。韩非子说："对疏远卑微的人有功必赏，对亲近宠爱的人有罪必罚，这样能使疏远卑微的人做事时不敢懈怠，使亲近宠爱的人做事时不敢骄横放纵。"（《韩非子·主道》：疏贱必赏，近爱必诛，则疏贱者不怠，而近爱者不骄也。）公正，还特别体现在对人的选拔和任用上。韩非子提出领导者要根据一个人的品德和能力来选拔人才，而不能凭自己一时的兴致和主观好恶。这样，有才能的人才不会被埋没，徒有虚名的人才不会被重用。（《韩非子·有度》：故明主使法择人，不自举也；使法量功，不自度也。能者不可弊，败者不可饰，誉者不能进，非者弗能退，则君臣之间明辨而易治，故主雠法则可也。）

韩非子甚至提出选拔人才的十字方针："外举不避仇，内举不避子。"（见《韩非子·外储说左下》）并举例说：中牟这个地方没有县令。晋平公问赵武说："中牟是要地，是邯郸的重镇。我想选用一个合适的县令，派谁去好呢？"赵武说："邢伯子可以。"平公说："他不是你的仇人吗？"赵武说："私人仇怨不能带到公家的事务上来。"平公又问："内府的主管，你看谁合适呢？"赵武说："我的儿子就行。"赵武所举荐的四十六个人，在赵武死后前来吊唁时，都坐在客位上，他就是这样一个不考虑个人恩惠的人。后来，晋平公问叔向："群臣中谁最贤能？"叔向回答说是赵武，因为他举荐人才时能够做到公正，不为自己牟利，且所举荐之人个个有益于国家。

韩非子还提出，人员的选拔和任用要靠制度，绝不能通过金钱来交易。他指出了卖官买官的六大恶果：一是破坏了唯才是举的原则；二是用钱搞交易，败坏了社会风气；三是使官员的素质下降；四是败坏了官场风气；五是丧失了民心；六是使领导者失去了清醒的头脑，容易被蒙蔽。所以，选拔人才应该公正，不可以徇私情，搞请托。笔者读《韩非子》时，还总结出了"抛、刨、跑、泡"这个"术语"，认为这四种人是绝对要不得的。"抛"就是抛掷，指请客送礼，行贿受贿；"刨"，就是刨机会，挖空心思搞钻营；"跑"，就是跑官要官；"泡"，就是泡关系，走升官的捷径。

还需指出的是，对于用人，韩非子也有着自己的思考。他指出，要用人所长，切不可求全责备。他举了一个例子来说明如何用人所长：齐桓公向管仲问任用官吏的事。管仲说："辨别清楚诉讼双方的言辞，廉洁而不贪财物，熟悉人情世故，我比不上弦商，请您任命他为主管刑狱的官。升升降降，恭敬谦让，用明确无误的礼仪接待宾客，我比不上隰朋，请您任命他为主管礼宾的官。开垦荒地，种植粮食，我比不上宁戚，请您任命他为主管农业的官。三军摆好阵势，使士兵视死如归，我比不上公子成父，请您任命他为主管军政的官。冒犯龙颜，极力劝谏，我比不上东郭牙，请您任命他为主管进谏的官。治理好齐国，这五个人就够用了；您若想成就霸业，则有我管仲在这里呢。"（《韩非子·外储说

左下》)

韩非子还谈到"夔一足"这一典故。一次，鲁哀公问孔子："我听说夔只有一只脚，你相信吗？"孔子答："夔是人，怎么会一只脚呢？其实，他与旁人无异，只是他懂音乐，所以，尧夸奖他说，夔有一技之长就足够了，于是让他当了主管音乐的官。所以人们说，夔有一项本领就足够了，而不是说他只有一只脚。"(见《韩非子·外储说左下》)

用人所长，关键是要把人放到合适的岗位上，韩非子强调：万物都有合适的位置，如此才能施展各自的才能；一切都处于合适的位置，领导者便可以无为而治了。(《韩非子·扬权》：夫物者有所宜，材者有所施，各处其宜，故上下无为。使鸡司夜，令狸执鼠，皆用其能，上乃无事。上有所长，事乃不方。矜而好能，下之所欺，辩惠好生，下因其材。上下易用，国故不治。)

韩非子还说："治国之臣，效功于国以履位，见能于官以授职，尽力于权衡以任事。"(见《韩非子·用人》)可见，他的人才选拔原则是：效果、能力、态度。即要看此人是否有工作实绩，是否有真才实干，是否能恪尽职守。在用人一事上，韩非子有两点主张：一是不可以貌取人。他讲了这样一个故事：有一个叫澹台子羽的人，长得很漂亮，孔子打算起用他。但与他相处了一段时间后，发现这个人徒有其表，难当大用。二是不可以言取人。韩非子又讲了一个故事：宰予说话文雅，但孔子与他相处了一段时间后，发现他的智慧根本比不上他的口才。(见《韩非子·显学》：澹台子羽，君子之容也，仲尼几而取之，与处久而行不称其貌。宰予之辞，雅而文也，仲尼几而取之，与处久而智不充其辩。故孔子曰："以容取人乎，失之子羽；以言取人乎，失之宰予。"）所以，韩非子建议，用人一定要全面地考察。

第六讲　兵家篇

一　只赢不输的将军

一讲到兵家，就要讲《孙子兵法》的作者孙武。孙武是一位只赢不输的将军，他的领导艺术成为古今中外大家争相效法的绝招。

孙武是齐国人，他投奔吴王阖闾。阖闾在当时有一番雄心壮志，非常想凭借武力对周边国家拳打脚踢一番，并树立自己的霸主地位。现在有这么一位军事理论家前来投奔他，吴王当然非常高兴。从孙武"将军一怒斩美女"这件事以后，吴王便知道孙武的厉害，更知道他的严明，他于是任命孙武为将军。

孙武也没有让吴王失望，他带兵打仗，所向披靡，采取大跨度迂回的战略，从侧面攻击强大的楚国。他以三万的兵力与楚国二十万大军展开生死对决，在今天中国南方的土地上五战五胜，终于以摧枯拉朽之势，攻破了强大的楚国，占领了楚国的国都，从此，楚国一蹶不振。在北面，孙武带领吴国军队给齐国和晋国造成兵临城下之势，让他们风声鹤唳、惶惶不可终日。吴王最终成为春秋时代又一位叱咤风云的霸主，而这一切，一代名将孙武当然功不可没。

孙武身上有哪些特质呢？这些特质对我们又有哪些启迪？

他具备四个方面的特质。

第一，孙武是一位严明的将军。俗话说："慈不掌兵。"军中无戏言，言必信，行必果，军令如山，执法必严，即使是吴王来求情，即使是吴王最宠爱的妃子，一旦违抗了神圣的军令，照样砍头，决不例外，兵不斩不齐，将不斩不勇，这是"严"；事先对军令三令五申，将制度层面的刚性规定做到公开，公正行事，公平处事，透明办事，这就是"明"。

第二，孙武是一位常胜将军。综观儒家、法家、道家、兵家四大家，前三家的领袖人物在仕途上都是不顺的。儒家的代表人物孔子，当年在鲁国做官很不顺，被排挤出故国，后来"周游"列国，实际上是流放或者被流放到别的国家了。其间他也试图游说过其他国家的领导人，希望他们采纳他的政治主张，但是都被委婉谢绝或明确拒绝。更有甚者，对方还想把他和他的弟子们都赶尽杀绝。晚年的孔子，回到鲁国，退回到书斋，坐而论道，其言论被弟子们整理而成

《论语》。

再来说法家的代表人物韩非子。韩非子在自己的祖国韩国不得志，没有施展自己的政治抱负。后来到了秦国，照样没有得到秦王的重用，更是死于李斯之手。而道家的代表人物老子在周王朝做官，看见周王朝的腐败无能，他干脆一走了之，从人间蒸发了。

老子、孔子、韩非子似乎更多的是政治管理方面的理论家，在政治管理的实际运作上，他们失败比成功更多。

但是孙武不一样，孙武不让我们惋惜、沮丧和无奈。他的理论很精彩，他的实践同样很精彩，他的人生、他的事业一直都很出彩，他的一生就没有吃过败仗，他自己似乎也没有受过迫害。跟他并肩作战的将军伍子胥后来被迫害致死，头颅被挂在高高的国门之上，但孙武从始至终，没有遭受此类不公的待遇。所以，孙武无论在理论建树还是在实践运作等方面，无论是在军事领导还是政治管理方面，都可以打一百分。在中国历史上，像孙武这样从胜利走向胜利的人，恐怕是不多见的。他的《孙子兵法》让我们觉得是成功的经验，而不是失败的教训。所以德国人亚历山德罗·高尔纳利赞美孙武："无论任何政治家或军事家的评论如何，孙子的思想首先是让人们得以发现和认识一种古老艺术的秘密——获胜的艺术。"

在汉代，孙武就是一位名满天下的伟人，有的人死后也要把《孙子兵法》带进坟墓里去。1972年，在孙武的老家山东临沂一个叫作银雀山的地方，在一座汉代的古墓里，出土了孙武写的《孙子兵法》和他的后代孙膑写的《孙膑兵法》。两千年后，终于"拨云雾而见青天"。

第三，孙武是一位很有大将风度的将军。要成为一个卓越的领导人，必须要有大将风度，宰相肚里能撑船，大将更要有大将风度，要有海纳百川一样的包容胸怀。孙武就有这个胸怀。当年他面对着吴王对他的将信将疑，面对吴王用女人来试用他的军事理论，他并没有像有的迂夫子那样一走了之，也没有像有的侠客那样怒发冲冠，孙武选择的是不卑不亢地接受，以实际效果来赢得吴王的信任。要做到这一点其实很不容易，实际上，在《孙子兵法》中，孙武反复强调的就是不能"怒而兴师"，而是要把军队和国家的核心利益搁在首位，把将士的身家性命放在首位。

第四，孙武是一位尊重美女更珍惜江山的将军。自古以来，"冲冠一怒为红颜""烽火戏诸侯"，围绕英雄与美女的故事很多，英雄与美人仿佛是一对欢喜冤家，可是，孙武是个例外。

根据现有的文献，从时代上讲，孙子与孔子、老子出生的时代前后相近，而韩非子稍晚。有趣的是，在西方的这一时期，也出现了苏格拉底、柏拉图、亚里士多德这样的思想巨人，从而使东西方的天空同时大放异彩。这是一个至今无法圆满解释的、有趣的文化现象，但是有一点是肯定的：两千多年前的东西方巨人，由于没有海陆空交通工具，不可能相互交流，他们的理论，实际上来自不同的文化背景。在他们之后的两千多年里，东西方文明一直在交流和竞争。那么，我们要问：在未来的岁月里，以孙子、孔子、老子和韩非子为代表的东方文明，是否能够在与苏格拉底、柏拉图、亚里士多德为代表的西方文明的交流和竞争中一路凯歌？特别是遥想孙武当年，以十三篇《孙子兵法》所向披靡，在与对方的较量中从来不落下风，今天是否依然是克敌制胜的宝典？这一点值得我们思考，笔者是有信心的。

二 《孙子兵法》三大法宝

孙武的《孙子兵法》究竟有哪些学问可以借鉴呢？笔者用三个字概括，那就是"智""仁""严"。

智

《孙子兵法》开篇"计"篇，是全书的总纲，一开始就指出作为军事管理者的"将"，应该具备五种素质："智、信、仁、勇、严。"可见，"智"是排在第一位的。

然而，孙武所说的"智"，究竟是什么意思？千百年来不见得大家讲清楚了，绝大多数人满以为就是"聪明"，其实不然。

在笔者看来，孙武所言的"智"，并不是指领导者先天的智商如何。

客观地讲，人与人之间的智商不可能有天壤之别，管理者之间的智商更不可能相差到哪里去；我考察古人所言的"智"，很多时候又写作"知"。（请比较《礼记·中庸》：好学近乎知。《战国策·齐策六》：秦始皇尝使使者遗君王后玉连环，曰："齐多知，而解此环不？"《汉书·张禹传》：是儿多知，可令学经。）在孙武的后人孙膑所写的《孙膑兵法》中，表示"智慧"的"智"无一例外地都写作"知"，在古汉语和古汉字里，"知"——"智"是古今字，也就是说，古人所言的"智慧"其实就是看您知道得多不多，这就是古人的智慧观。

知道什么？知道自己，知道别人，这就是知己知彼。这一点孙子与老子、孔子算是有共同语言了。《老子》第三十三章写道："知人者智，自知者明；胜人者有力，自胜者强；知足者富，强行者有志；不失其所者久，死而不亡者寿。"大意是，能知道别人，算有智慧；知道自己，才是聪明。能战胜别人，算有力量；能战胜自己，才是真强。知足的人富有，攻克己身、顺道而行的人有志气。持守本相、不失不离的人可以长久，肉身虽死、生命活着的人才叫长生。

孔子也曾经语重心长地说道："大概有一种自己不懂却凭空造作的人，我没有这种毛病，我多多地听，选择其中好的加以接受，多多地看，全记在心里：这样的'知'，是仅次于生而'知'之的。"所以，当有弟子问孔子什么是"知"，孔子说："知人。"也就是知道、了解人才。孔子接着阐发道："把正直的人提拔上来，位置在邪恶的人之上，也能够使邪恶人变得正直。"对此，孔子的弟子子夏阐发道："舜有了天下，就选了皋陶，坏人难以存在了，商汤有了天下，就选了伊尹，坏人也难以存在了。"所以，在儒家看来，最善于选人、用人的领导（知人善任的领导）便是最聪明的领导。

所以，中国文化中的"智慧"，完全是后天的，是指"知道什么"，包括对人和事物两个方面的知晓，难怪孔子说："知之为知之，不知为不知，是知也。"什么是"聪明"的"明"？孔子也认为这与接收信息的能力紧密相关，也就是要耳听八方、兼听则明。所以孔子说，如果谗言和诬告不论怎样都在你那里行不通，这就是"明"了。

在中国人的心目中，什么才是真正的"聪明"？考察一下中国的语言与文化是挺有意思的，《荀子·王霸》："聪明君子者，善服人者也。"《史记·五帝本纪》："（黄帝）长而敦敏，成而聪明。"唐张守节《史记正义》："聪明，闻见明辨也。"《汉书·赵广汉传论》："广汉聪明，下不能欺。"唐杜甫《奉酬薛十二丈判官见赠》诗："吾闻聪明主，治国用轻刑。"后来也指"智力强、天资高"。《后汉书·应奉传》："奉少聪明，自为儿童及长，凡所经履，莫不暗记。"

再引申，又指智慧才智。《庄子·大宗师》："堕肢体，黜聪明，离形去知，同于大通。"《汉书·扬雄传下》："天降生民，倥侗颛蒙，恣于情性，聪明不开。"晋葛洪《抱朴子·审举》："但共遣其私情，竭其聪明，不为利欲动，不为属托屈，所欲举者，必澄思以察之，博访以详之。"宋洪迈《夷坚志·夷坚丙志·李铁笛》："初，永真性蒙钝，及是觉聪明颇开。"而"圣"，繁体为"聖"，从字形上看也与"耳"有关，意思是"事无不通，光大而化，超越凡人者。"《尚书·洪范》："恭作肃，从作乂，明作哲，聪作谋，睿作圣。"《孔安国传》："于事无不通谓之圣。"

再引申，指聪明睿智。《礼记·经解》："其在朝廷则道仁圣礼义之序。"俞樾《群经平议·礼记四》："凡以圣与仁义礼并言者，圣即知也。"《老子》："绝圣弃智，民利百倍。"王弼注："圣智，才之善也。"《文子·道德》："文子问圣智。老子曰：'闻而知之，圣也；见而知之，智也。'"《后汉书·范升传》："今众人咸称朝圣，皆曰公明，盖明者无不见，圣者无不闻。"杨树达《积微居读书记·读后汉书札记》："圣与聪义近，故从耳，此文及《文子》犹用本义。""聪明"从字形上看就一目了然，原本是指"视听灵敏"，也就是要眼观六路，耳听八方，这同样是要"知己知彼"。难怪中国古代的领导者提出要"兼听则明，偏信则暗"，要广开言路，这其实是要知己知彼，要从善如流，要善于纳谏。

《论语》里记载了有关孔子的一个生动的故事，有人问孔子："鲁昭公懂不懂礼？"孔子说"懂"，但是此人背后讲："孔子在偏袒鲁昭公，鲁昭公从吴国娶了一位夫人，吴和鲁是同姓国家，不能叫她吴姬，只能叫她吴孟子，鲁昭公如果懂得礼，我看天下人都懂礼了。"这话传到孔子耳朵里，孔子不仅没有发火，反而说道："我真幸运，假如有错误，人家一定给指出来。"

与西方人的看法不同，中国文化更倡导的是后天的"知"，孔子说自己"非生而知之者"，言下之意，更多的是"学而知之"。

明白了这一点，就明白了孙武为什么讲"知己知彼，百战不殆"，因为这才是真正的"智"，才是真正的聪明。

"知己知彼"这句话，已经成为家喻户晓的名言，但是，笔者发现历来讲述《孙子兵法》的学者，有许多人对这句话并没有讲准确。考察"知己知彼"这句话，有两个出处，一个出处是《孙子兵法·谋攻》，原文是："知彼知己，百战不殆；不知彼而知己，一胜一负；不知彼，不知己，每战必殆。"还有一个出处是《孙子兵法·地形》："知彼知己，胜乃不殆；知天知地，胜乃可全。"千百年来，人们只是记住《孙子兵法》中的前一个出处，而忽略了后一个出处。其实，后一个出处更加重要，在孙子看来，光知道自己、知道对手还不够，这只意味着有取胜的可能，很多时候，胜算还要取决于天时、地利等客观条件，这才是胜利的保障。

举两个例子。首先是天时的例子。在《孙子兵法·火攻》里，孙子专门讲到"天时"的重要性，他在谈论火攻的五种形式时，"发火有时，起火有日"，火攻对于天时的依赖性很大，难怪人们常说"万事俱备，只欠东风"。

其次是"地利"的例子。孙子在《孙子兵法·行军》提到，行军遇到绝涧、天井、天牢、天罗、天陷、天隙等地形，应赶快离开；遇到有险峻的隘路、湖沼、水网、芦苇、山林和草木茂盛的地方，行军必须小心，反复搜索，这些是敌人可能埋设伏兵和奸细的地方。因此，"地利"具有决定战争胜败的作用。

这样理解《孙子兵法》，我们就会发现，孙武其实跟中国古代的其他伟人一样，都认为胜利来自"天时地利人和"。很多时候，光是知己、知彼还不够，还要受制于客观的自然条件。比如说，中国是一个农业文明的国家，农业就要靠天吃饭，靠地种植，风调雨顺，土地肥沃，这才是农业丰收的保证。如果遭遇洪涝蝗灾，遇上盐碱石地，天时、地利变成了天地之灾，对农业就是一个毁灭性的打击。同样，天时、地利在现代竞争中依然是一个重要的课题。古人所言"天时地利人和"，是把"天时"放在第一，"地利"放在第二，而"人和"放在第三位的。

从这个角度来理解，笔者认为，知己知彼，知天知地，才是孙子"智慧观"的全部内容。

仁

关于"仁"，《论语》解释为："仁者，爱人。"韩非子解释为："仁者，谓其中心欣然爱人也。""仁"是内心愉悦、自然而然地爱人，是完全发自内心的不能抑制的感情，并不是为了求得别人的报答，"上仁为之而无以为也"。最高的仁，是无目的的作为。

其实孙子也是这么看的，作为领导者，怎样关心和爱护自己的爱将和下属呢？孙子有其独到的见解。通读《孙子兵法》，笔者发现孙子所说"仁"，主要包括以下方面的内容。

得民心，顺民意。在《孙子兵法·地形》里，孙子要求将军把士兵当成自己家里的孩子看待，说："视卒如婴儿，故可以与之赴深溪；视卒如爱子，故可与之俱死。"

在《孙子兵法·行军》里，孙子意味深长地说道："打仗不在于兵力越多越好，只要不轻敌冒进，并集中兵力、判明敌情，取得部下的信任和支持，也就足够了。那种既无深谋远虑而又轻敌的人，必定会被敌人俘虏。士卒还没有亲近依附就执行惩罚，那么他们会不服，不服就很难使用。所以，要用'文化教育'使他们思想统一，用军纪军法使他们行动一致，这样就必能取胜。平素严格贯彻命令，管教士卒，士卒就能养成服从的习惯；平素从来不严格贯彻命令，管教士卒，士卒就会养成不服从的习惯。平时命令能贯彻执行的，表明将帅同士卒之间相处融洽。"

在《孙子兵法·作战》里，孙子甚至提出"善待俘虏"的主张，他认为这是争取民心、为我所用、瓦解敌手的重要手段："要善待俘虏，使他们有归顺之心。这就是战胜敌人而使自己越发强大的方法。"政治斗争和商业斗争，其实成功之法宝就是："敌人搞得越少越好，朋友搞得越多越好。"两千多年前的孙子，已经阐明了这个道理。

最后，孙子把上下级关系和官兵关系是否融洽、将士与军民是否同心同德视为成败的关键因素。孙子认为可以从五个方面预见胜利，其中一个方面就是：全国上下、全军上下、意愿一致、同心协力的，胜。在《孙子兵法·计》中，孙子就说要通过敌我双方五个方面的优劣论证得到详情，来预见战争胜负的可能性。一是道，二是天，三是地，四是将，五是法。

其中的"道"，就是指君主和民众目标相同，意志统一，可以同生共死，而不会贪生怕死；天，指昼夜、阴晴、寒暑、四季更替；地，指地势的高低，路程的远近，地形的险要、平坦与否，战场的广阔、狭窄，是生地还是死地等地理条件；将，指将领足智多谋，赏罚有信，对部下真心关爱，勇敢果断，军纪严明；法，指组织架构，责权划分，人员编制，管理制度，资源保障，物资调配。对这五个方面，将领都不能不做深入了解。这些都说明战争中将领以一颗仁爱之心赢得下级和士兵的拥戴多么重要。

这也给现代管理以宝贵的启发，在行政机关，下属和员工是抓执行、抓落实的具体经办人员，如果没有他们的鼎力相助，没有他们的心甘情愿，而是一味挥舞大棒，实行冷酷的制度管理和奖惩措施，就无法从"要我做"变为"我要做"，最终是无法达到预期效果的。同样，在企业里，在员工与顾客之间，首先应该从各个方面顾及员工的各个层次的需要，调动他们的积极性、创造性和责任心。

爱下属，爱士兵。对下属和士兵的爱护，还体现在不拿他们的生命开玩笑。在残酷的战争中时时刻刻顾及将士的人身安全和衣食冷暖，关心他们的生存条件和求生环境。

孙子说道："凡军好高而恶下，贵阳而贱阴，养生处实，军无百疾，是谓必胜。"驻军，最好是在干燥的高地，避开潮湿的低洼之地；要处在向阳之处，不要处在阴暗之地；要靠近水草地带，这样军需供应就充足，将士就百病不生，这就有了胜利的保证。孙子还说，在丘陵堤防地带行军，也要占领向阳的南面，而且要西侧靠山。这是利用地形作为辅助条件的，对用兵有利。因为干燥向阳的地区，更有利于将士的身体健康，而水草丰润的地区，不仅有利于人马的饮食，而且有利于交通运输，保证前方与后方的后勤畅通。

孙子甚至强调"宿营"时也应该"以人为本"，反对让全军将士疲于奔命，主张三军未动，粮草先行。如两军交战，必须给将士提供最好的作战条件。孙子认为，对下属的关心到位，还体现在决策层或执行层必须多动脑子，要有一流的战略战术做保证，要追求形成有利的势，而不是苛求下属，这样下属才会与领导们同生死，共命运。

严

孙子带兵和管理的第三大法宝是"严"。

三国时代的曹操在给《孙子兵法》作注解时，赞美孙子执法严明。曹操不禁感叹道："慈不可以带兵。"曹操认为一个优秀的军事领导人必须"设而不犯，犯而必诛"，不然就不可能带出来一支铁军，曹操本人正因为坚持严明简洁的治军传统，所以在跟袁绍这样死守繁文缛节的世家豪族进行较量时，最终取胜。清代的曾国藩也对孙子兵法的"严"奉行不悖。

究竟从哪些方面进行严格管理呢？首先是有法可依，制度到位。严，首先体现在制度层面，必须要有健全的法令、规章、制度。笔者在前面反复讲过，孙子强调战争成败取决于五个方面的因素："一是道，二是天，三是地，四是将，五是法。"也就是：政治、天时、地利、将帅、法制。所谓将帅，要考察他是否足智多谋、赏罚而有信、仁爱部下、勇猛果断、治军严明。法制指组织架构、责权划分、人员编制、管理制度、资源保障、物资调配。对这五个方面，将领如果能深刻了解就能胜利，否则就难以获得胜利。

其次是执法必严，措施到位。有了健全的法令、规章和制度还不够，还必须严格遵守，持久训练，才能把制度落实到位。所以，在这个时候，执行力最为关键，措施必须到位。孙子强调："战旗飘飘，人马飞奔，双方混战，战场上瞬息万变，但我方的指挥、组织、阵脚不能乱；战场一片混乱，两军搅作一团，但胜利在我方把握之中。双方交战，一方之乱，是因为对方治军更严整；一方怯懦，是因为对方更勇

莫高窟第 156 窟，《河西节度使张议潮统军出行图》

敢；一方弱小，是因为对方更强大。军队治理有序或者混乱，在于其组织、结构、编制；士兵勇敢或者胆怯，在于部队所营造的态势和声势；军力强大或者弱小，在于部队日常训练所造就的内在实力。"

严明完善的组织纪律、信赏必罚的执行力、高效率的管理调动，最终带来的是领导的举重若轻。孙子说道："管理人数众多的军队，能够像管理人数少的军队那样应付自如，是由于军队编制和组织、结构合理；指挥大部队作战，能够像指挥小部队作战那样得心应手，是由于旌旗鲜明，鼓角响亮，通讯联络通畅；能够使全军在遭受敌人进攻时不致失败，关键在于奇正战术的运用要随机应变；指挥军队进攻敌人，就像用坚硬的石头砸鸡蛋一样，关键是避实击虚。"

再次是违法必究，恩威到位。"慈不掌兵"，这是千年古训。因为竞争和战争非同儿戏，军令如山，违法必究，步调一致才能取得胜利。但是，什么事情都不能走极端，对下属和士兵的严厉，是以关怀他们为前提的。所以孙子意味深长地说："与敌人较量，带兵打仗，不在于兵力越多越好，主要是不轻敌冒进，集中兵力、判明敌情，取得部下的信任和支持，就够了。那种既无深谋远虑而又轻敌的人，必定会被敌人俘虏。士卒还没有亲近依附就执行惩罚，那么他们会不服，不服就很难继续使用；士卒已经亲近依附，如果不严格执行军纪军法，也不能用来作战。所以，要用怀柔宽仁使他们心往一处想，用军纪军法使他们劲儿往一处使，这样就必能取得部下的敬畏和拥戴。平常严格贯彻命令，士卒就能养成服从的习惯；平素从来不严格贯彻命令，士卒就会养成懒散不服从的坏习惯。平常命令能坚决贯彻执行的，表明将帅同士卒之间相处融洽，其乐融融。"孙子认为，一旦发现敌方阵营将领对士兵不威严，甚至无原则地犒劳奖赏的怪现象时，这肯定是气数已尽的象征。

从严治军，是孙子反复强调的制胜法宝。《孙子兵法·地形》中写道："厚而不能使，爱而不能令，乱而不能治，譬如骄子，不可用也。"意为：那些厚待但不能使用的士兵，就如同娇惯了的子女，是不可以用来同敌作战的。有意思的是，孙子的后人孙膑在《孙膑兵法》里也强调领导者对将士要"爱之若狡童，敬之若严师"。这可以成为今天各行各业的领导者的至理名言。

值得肯定的是，孙子认为，作为领导人必须恩威并施，而且千万要把"恩"搁在前面，只有用仁爱之心爱护下属和士兵，才能打动他们，团结他们，这样做其正面效应有三：一是使他们从内心里拥护、信任、感激自己的领导；二是从主观上支持、响应、配合自己的领导；三是从行动上忠于自己的领导。

接下来还得"威"，威就是威严、威力、威信、威风、权威，中国古代的"威"究竟有哪些内涵呢？笔者统计了罗竹风主编的《汉语大词典》里"威"共有以下意思：

①使人畏惧慑服的力量；②引申为权势、权力；③尊严、威严；④武力；⑤震慑，使知畏惧而服从；⑥胁迫、欺凌；⑦指刑罚、惩罚；⑧畏惧、敬畏；⑨德、功德；⑩法则、仪则；⑪指以某一事物为法则进行统一或指挥。

从以上统计可以看出："恩威"之"威"，其实就是一个"怕"字，也就是一个"畏"字，领导者必须通过管理使大家产生敬畏之情。诚如马基雅维利在《君主论》中指出的那样，作为领导人，让下属和百姓既爱又怕当然是好事，但是，一旦爱与怕不可得兼的时候，"怕"就更加重要。因为要冒犯一个畏惧的人，得三思而后行；而冒犯一个不畏惧的人，甚至是喜爱的人，通常没有心理压力。但是，"恩威"之威并不等于憎恨。"敬畏"和"憎恨"是两回事，后者是不共戴天、鱼死网破的代名词，如果一个领导招下属和员工憎恨而不是敬畏的话，这位领导的内忧和外患就都来了。

　　如果说前面是指对下级严厉，那么领导者对自己更要严厉。孙子认为，国家的利益高于一切，全军将士的生死存亡比什么都重要，所以，作为军事领导人，要以国家、军队的利益为重，千万不能根据自己的喜怒哀乐而发兵打仗。孙子说："没有好处不要行动，没有取胜的把握不能用兵，不到危急关头不要开战。国君不可因一时愤怒而发动战争，将帅不可因一时的气愤而出阵求战。符合国家利益才用兵，不符合国家利益就停止。愤怒还可以重新变为欢喜，气愤也可以重新转为高兴，但是国家灭亡了就不能复存，人死了也不能再生。所以，对待战争，明智的国君应该慎重，贤良的将帅应该警惕，这是安定国家和保全军队的基本道理。"(《孙子兵法·火攻篇》：非利不动，非得不用，非危不战。主不可以怒而兴师，将不可以愠而致战；合于利而动，不合于利而止。怒可以复喜，愠可以复悦；亡国不可以复存，死者不可以复生。故明君慎之，良将警之。此安国全军之道也。)

　　孙子的这一番话，听起来有些耳熟，原来，道家代表人物老子也说过："善于做将帅的不尚勇武，不会杀气腾腾；善于打仗的人不用动辄发怒、气势汹汹。"(《道德经》第六十八章：善为士者不武，善战者不怒。善胜敌者不与，善用人者为之下。)儒家孔子赞美自己的得意门生颜回："不迁怒，不贰过。""不迁怒"就是不拿别人出气。更有意思的是，法家代表人物韩非子也说："君主度量狭小，性情急躁，轻浮而容易发作，心怀怨恨而不能思前顾后，容易发怒而用兵，这样的国家都要灭亡。"(《韩非子·亡征》：主多怒而好用兵，简本教而轻战攻者，可亡也。)

孙子要求前线领导者一定要克服身上的五个致命弱点：第一，死拼硬打，往往招致杀身之祸；第二，临阵畏缩，贪生怕死，就有可能被俘；第三，暴躁易怒，可能受敌轻侮而失去理智；第四，过分洁身自好，珍惜声名，可能会被羞辱引发冲动；第五，爱护民众却凡事必应，无远不援，就会疲于奔命而对付不了真正的敌人。这五种情况，都是将领最容易有的过失，也值得我们领导者借鉴。

通过以上分析，我们看到孙子心目中的领导者形象，那就是智、信、仁、勇、严，而最关键的又是智、仁、严三者。在这里，笔者再引用孙子的后人孙膑的观点，他认为优秀的领导者应具备义、仁、德、信、决五种素质。(《孙膑兵法·将义》：将者不可以不义，不义则不严，不严则不威，不威则卒弗死。故义者，兵之首也。将者不可以不仁，不仁则军不克，军不克则军无功。故仁者，兵之腹也。将者不可无德，无德则无力，无力则三军之利不得。故德者，兵之手也。将者不可以不信，不信则令不行，令不行则军不槫，军不槫则无名。故信者，兵之足也。将者不可以不智胜，不智胜则军无口，故决者。兵之尾也。)